Das neue Quizbuch Religion

Judith Adam

Das neue Quizbuch Religion

benno

Herausgegeben von Robert Rothmann
und Ernst-Ulrich Kneitschel

Die Deutsche Bibliothek – CIP-Einheitsaufnahme
Die Deutsche Bibliothek verzeichnet diese Publikation in der Deutschen Nationalbibliografie; detaillierte bibliografische Daten sind im Internet über http://dnb.ddb.de abrufbar.

ISBN 3-7462-1686-9

Stammerstr. 11, 04159 Leipzig
www.st-benno.de
Gestaltung: Ulrike Vetter, Leipzig
Gesamtherstellung: Arnold & Domnick, Leipzig

Inhaltsverzeichnis

Liebe Leserinnnen und Leser!

Das Quiz hat in letzter Zeit eine Wiedergeburt erlebt. Das Pendel schlägt von inhaltsleeren Talk- und Diskussionsrunden wieder in Richtung Wissen. Das scheinbar überholte trockene Faktenwissen bekommt in den zahlreichen Fernsehshows ein witziges und spannendes Forum. Aber das Quiz ist keine Erfindung unserer Zeit. Schon in den 60er Jahren feierten Qiuzshows Erfolge. Und wenn wir an den Spieleklassiker Trivial Pursuit oder die vielen selbsthergestellten Geburtstagsquizspiele denken, dann merken wir, dass ein Quiz immer aktuell ist, weil es Lernen und Spielen verbindet.
Nicht nur beim Allgemeinwissen sind immer mehr Lücken zu finden, auch auf dem Gebiet der Religion kennt man viele Begriffe nicht mehr oder weiß nicht, wie bestimmte Dinge heißen. Genau dort setzt das Große Quizbuch Religion an: Auf spielerische Weise kann viel Wissenswertes über Religion gelernt werden. Dabei müssen Sie zwar auf Fernsehauftritte, Geld und Publikum verzichten, Sie bekommen aber mit dem Buch ein leicht handhabbares und praktisches Instrument in die Hand, mit dem Sie in der Gemeinde, in der Jugendstunde, im Verein oder in der Familie einen lustigen und spannenden Abend gestalten können. Oder Sie verwenden ein paar Fragen als Einstieg in die Religionsstunde. Oder Sie testen einfach Ihr Wissen für sich allein. Oder, oder, oder...
Das Neue an unserem Buch ist, dass die Antworten, wie in einem Lexikon, kurz erklärt werden, so dass Sie wirklich dazulernen können.
Die Fragen sind in sieben verschiedene Themengebiete eingeteilt, und auf den jeweils sieben Schwierigkeitsstufen gibt es zehn Fragen. Die Spielregel kann variiert werden: Sie können sich eine Quizshow mit Joker und Publikumsfrage ausdenken. Sie können aber auch ganz einfach auf Zetteln eine Tabelle erstellen und sich eine kleinere Anzahl Fragen heraussuchen. Der Phantasie sind hier keine Grenzen gesetzt.
Und nun steht dem Start nichts mehr im Wege. Sie staunen, was Sie alles noch nicht wissen? Das können Sie nun auf unterhaltsame Weise ändern!

Die Herausgeber

Kirchenjahr

1 Was bedeutet das Wort »Advent«?

- **a** Lichterglanz
- **b** Ankunft
- **c** Geheimnis
- **d** Verkauf

2 Wie heißt der Tag vor Fastnacht?

- **a** Aschermittwoch
- **b** Rosenmontag
- **c** Weißer Sonntag
- **d** Weiberfastnacht

3 Wie heißt der Sonntag vor Ostern?

- **a** Dreifaltigkeitssonntag
- **b** Fronleichnam
- **c** Christkönig
- **d** Palmsonntag

4 Welches Sakrament ist mit dem Gründonnerstag verknüpft?

- **a** Taufe
- **b** Beichte
- **c** Abendmahl
- **d** Ehe

5 Welches Tier gehört traditionell zum Osterfest?

- **a** Lamm
- **b** Kalb
- **c** Taube
- **d** Kamel

6 **Welche volkstümliche Bedeutung hat das Fest Christi Himmelfahrt in den letzten Jahrzehnten bekommen?**

- **a** Volkstrauertag
- **b** Weltfriedenstag
- **c** Vatertag
- **d** Muttertag

7 **Welches Tier gehört traditionell zu Pfingsten?**

- **a** Pferd
- **b** Taube
- **c** Huhn
- **d** Maus

8 **Welcher Brauch ist typisch für den Johannistag?**

- **a** Almauftrieb
- **b** Feuermachen
- **c** Laternenumzug
- **d** Eier bemalen

9 **Durch welche Tat wurde Sankt Martin bekannt?**

- **a** Er teilte seinen Mantel mit einem Bettler.
- **b** Er übersetzte die Bibel ins Lateinische.
- **c** Er predigte zu den Tieren.
- **d** Er half drei armen Mädchen, indem er Goldkugeln durchs offene Fenster warf.

10 **Welches Tier wird mit Sankt Martin in Verbindung gebracht?**

- **a** Ochse
- **b** Gans
- **c** Taube
- **d** Esel

11 **Wie heißen die Zweige, die am 4. Dezember geschnitten und ins Wasser gestellt werden, damit sie zu Weihnachten blühen?**

- **a** Mistelzweige
- **b** Barbarazweige
- **c** Nikolauszweige
- **d** Palmenzweige

12 **Wie heißt das Fest der heiligen Drei Könige noch?**

- **a** Epiphanias
- **b** Epidermis
- **c** Epizentrum
- **d** Epilog

13 **Als was wird der heilige Valentin noch bezeichnet?**

- **a** Patron der Liebenden
- **b** Patron der Arbeiter
- **c** Patron der Reisenden
- **d** Patron der Feuerwehrleute

14 **Was ist das Besondere in der Aschermittwoch-Messe in der katholischen Kirche?**

- **a** das Aschekreuz
- **b** das Aschebrot
- **c** das Aschestreuen
- **d** das Aschegewand

15 **Wie lange dauert die Fastenzeit?**

- **a** 66 Tage
- **b** 44 Tage
- **c** 60 Tage
- **d** 40 Tage

16 **Was symbolisieren die Ostereier im christlichen Glauben?**
- **a** das neue Leben durch Christi Auferstehung
- **b** die Weltkugel
- **c** Christus, die Sonne
- **d** die Salbölgefäße der Frauen

17 **Welche bekannte Begebenheit aus dem Evangelium wird am Ostermontag in der katholischen Kirche gelesen?**
- **a** das Gleichnis vom verlorenen Sohn
- **b** die Geburt Johannes des Täufers
- **c** der Emmausgang
- **d** die wunderbare Brotvermehrung

18 **Was geschah am Pfingsttag?**
- **a** Jesus wandelte über das Wasser.
- **b** Jesus wurde von Johannes getauft.
- **c** Die Apostel empfingen den Heiligen Geist.
- **d** Die Apostel versammelten sich zum ersten Konzil.

19 **Wie heißt das liturgische Gerät, mit dem am Fronleichnamsfest der eucharistische Segen gespendet wird?**
- **a** Monstranz
- **b** Aspergill
- **c** Mitra
- **d** Ziborium

20 **Welcher Heilige wirkte in Myra?**
- **a** der heilige Nikolaus
- **b** der heilige Martin
- **c** der Evangelist Johannes
- **d** der heilige Diakon Stephanus

21 **Wann beginnt offiziell das Kirchenjahr?**

- **a** 1. Januar
- **b** Aschermittwoch
- **c** 1. Advent
- **d** Ostersonntag

22 **Seit wann gibt es den Tannen- oder Christbaum in privaten Wohnungen?**

- **a** schon Maria und Josef hatten einen
- **b** eingeführt vom hl. Franziskus um 1220
- **c** in Straßburg um 1605 nachgewiesen
- **d** von der Gewerkschaft »Wald, Forst und Landwirtschaft« 1952 eingeführt

23 **Wer war Silvester, nach dem der letzte Tag im Jahr benannt ist?**

- **a** Bischof von Rom (Anfang des 4. Jh. n. Chr.)
- **b** ein Apostel Jesu (1. Jh. n. Chr.)
- **c** Gründer des Jesuitenordens (Ende des 16. Jh. n. Chr.)
- **d** ein Prophet aus dem Alten Testament (ca. 4. Jh. v. Chr.)

24 **Welches Hochfest wird in der katholischen Kirche zum Neujahrstag begangen?**

- **a** Hochfest der Gottesmutter Maria
- **b** Hochfest der Apostel Petrus und Paulus
- **c** Hochfest Christkönig
- **d** Hochfest Weihe der Lateranbasilika

25 **Wann wird das Fest der »Darstellung des Herrn« gefeiert?**

- **a** 6. Januar
- **b** 2. Februar
- **c** 14. Februar
- **d** 30. Februar

26 **Wie heißt der 14. Februar noch?**
- **a** Gründonnerstag
- **b** Halloween
- **c** Thanksgiving
- **d** Valentinstag

27 **Woher stammt der Name »Freitag«?**
- **a** war ursprünglich der »freie« Tag der Woche
- **b** von der germanischen Göttin »Freya«
- **c** von »Freude« – Beginn des Wochenendes
- **d** von »Fressen« – im Zusammenhang mit dem Fastengebot

28 **Was wird am Karfreitag in der katholischen Kirche mit einer Kniebeuge verehrt?**
- **a** die Monstranz mit einer geweihten Hostie
- **b** das Kreuz
- **c** ein Marienbild
- **d** der Kelch mit dem Blut Christi

29 **Zwischen welchen Feiertagen wird in der evangelischen Kirche traditionell Konfirmation gefeiert?**
- **a** Weihnachten und Ostern
- **b** Reformationstag und 1. Advent
- **c** Ostern und Pfingsten
- **d** Pfingsten und Dreifaltigkeitssonntag

30 **Welches Symbol wird mit dem heiligen Nikolaus in Verbindung gebracht?**
- **a** Schwert
- **b** drei goldene Kugeln
- **c** Muschel
- **d** Gold, Weihrauch und Myrrhe

31 **Welcher Brauch bezieht sich auf die Herbergssuche?**

- **a** Ponyreiten
- **b** Stiefelputzen
- **c** Frautragen
- **d** Bleigießen

32 **Wie heißen die am Heiligabend umherziehenden Kindergruppen, die Lieder singen und Gaben einsammeln?**

- **a** Minnesänger
- **b** Kurrendesänger
- **c** Spatzenchor
- **d** Sängerknaben

33 **Welcher Person gedenkt die katholische Kirche am 26.12.?**

- **a** Stephanus
- **b** Petrus
- **c** Johannes
- **d** Lukas

34 **Zu welchem Fest gehört die Fußwaschung?**

- **a** Palmsonntag
- **b** Gründonnerstag
- **c** Karfreitag
- **d** Ostermontag

35 **Wie heißt der Sonntag nach Ostern traditionell?**

- **a** Weißer Sonntag
- **b** Trinitatis
- **c** Palmsonntag
- **d** Jesu Taufe

36 **Welcher Brauch ist mit dem Festtag »Mariä Himmelfahrt« verbunden?**

a Kräuterweihe
b Kinder verkleiden sich
c Frauenausflug
d Kerzenweihe

37 **Wovon leitet sich der Name »Halloween« ab?**

a von »hallows evening« – der Abend vor Allerheiligen
b von »hells week« – Höllenwoche
c von »hallo winter« – Guten Tag, Winter
d lautmalerisch für die Geräusche, die Gespenster von sich geben

38 **In welcher Stadt lebte der heilige Martin?**

a Tours
b Rom
c Myra
d Trier

39 **Wer war die heilige Luzia?**

a eine jungfräuliche Märtyrerin aus Syrakus
b eine schwedische Königstochter, die ins Kloster eintrat
c die Mutter der Apostel Jakobus und Johannes
d die Gründerin des Ordens der »Missionarinnen der Nächstenliebe«

40 **Welches Paar hat am 24.12. seinen Gedenktag?**

a Adam und Eva
b Maria und Josef
c Abraham und Sara
d Elisabet und Zacharias

41 **Zu welcher Tageszeit starb Jesus am Kreuz?**

- **a** 9 Uhr
- **b** 12 Uhr
- **c** 15 Uhr
- **d** 19 Uhr

42 **Wonach richtet sich der Ostertermin?**

- **a** Sonntag nach dem ersten Vollmond im Frühling
- **b** dritter Sonntag nach der Tag- und Nachtgleiche
- **c** Sonntag vor dem letzten Neumond im April
- **d** zweiter Sonntag in der Sommerzeit

43 **Wann wird in der katholischen Kirche das Fest »Josef der Arbeiter« gefeiert?**

- **a** 1. März
- **b** 8. März
- **c** 1. Mai
- **d** 8. Mai

44 **Von welchem Johannes hat der Johannistag (24. Juni) seinen Namen?**

- **a** Evangelist Johannes
- **b** Johannes der Täufer
- **c** Papst Johannes XXIII.
- **d** Johannes vom Kreuz

45 **Warum heißt der September übersetzt »siebenter Monat«, obwohl er doch der neunte Monat im Jahr ist?**

- **a** weil »septem« im altrömischen »neun« bedeutete
- **b** weil in altrömischer Zeit das Jahr am 1. März begann
- **c** weil der Monat nach dem römischen Kaiser Septimius Severus benannt wurde
- **d** weil die Römer die Monate rückwärts zählten

46 **Wer regte an, die Geschenke und Gaben nicht mehr am Nikolaustag, sondern zu Weihnachten zu verteilen?**

a der heilige Augustinus
b Franziskus von Assisi
c Martin Luther
d August Hermann Francke

47 **Welche Bezeichnung gibt es für den Neujahrstag in der evangelischen Kirche noch?**

a Hochfest der Gottesmutter Maria
b Tag der Beschneidung und Namensgebung des Herrn
c Altjahresmorgen
d Weihnachtsoktav

48 **Wann findet der evangelische Gottesdienst am Karfreitag statt?**

a 6 Uhr (vor dem ersten Hahnenschrei)
b vormittags
c nachmittags 15.00 Uhr
d am zeitigen Abend gegen 17.00 Uhr

49 **Wie heißt der dritte Sonntag der Passionszeit im evangelischen Sprachgebrauch?**

a Okuli
b Reminiszere
c Kantate
d Palmarum

50 **Wer ordnete an, dass der Reformationstag am 31. Oktober gefeiert werden soll?**

a Martin Luther
b Kurfürst Georg II. von Sachsen
c Friedrich der Große
d Paul Gerhardt

51 **Auf welches Wort geht der Begriff »Kirmes« zurück?**
- **a** Kindermesse
- **b** Kalb-Messen
- **c** Kirchmesse
- **d** Kerzenmesse

52 **Wann wird der Buß- und Bettag gefeiert?**
- **a** am 31. Oktober
- **b** Mittwoch nach dem zweiten Vollmond im Herbst
- **c** Mittwoch vor dem letzten Sonntag im Kirchenjahr
- **d** am 9. November

53 **Welches Zeichen wird mit dem heiligen Hubertus verbunden?**
- **a** ein Hirsch mit einem Kreuz zwischen dem Geweih
- **b** ein Turm mit zugemauerter Tür
- **c** ein zahmer Löwe, der zu Füßen des Heiligen liegt
- **d** ein Schwert und die Bibel

54 **Welcher Tag ist der frühest mögliche Termin für den ersten Adventssonntag?**
- **a** 25. November
- **b** 27. November
- **c** 29. November
- **d** immer am ersten Sonntag im Dezember

55 **Welcher Tag ist der spätest mögliche Termin für den vierten Adventssonntag?**
- **a** 20. Dezember
- **b** 23. Dezember
- **c** 24. Dezember
- **d** 25. Dezember

56 **Durch wen wurde zum ersten Mal der Beginn des Jahres auf den 1. Januar gesetzt?**

- **a** Martin Luther
- **b** Papst Gregor der Große
- **c** Kaiser Konstantin
- **d** Julius Cäsar

57 **Wie heißt der Patron der Schützenvereine?**

- **a** St. Florian
- **b** St. Petrus
- **c** St. Martin
- **d** St. Sebastian

58 **Wie heißt der zweite Sonntag der Passionszeit (katholisch: 2. Fastensonntag) in der evangelischen Kirche?**

- **a** Reminiszere
- **b** Palmarum
- **c** Invokavit
- **d** Lätare

59 **Wann ist der Namenstag von Josef, dem Nährvater Jesu?**

- **a** 1. Januar
- **b** 12. Februar
- **c** 8. März
- **d** 19. März

60 **Wie heißt heute der Weg in Jerusalem, den Jesus zur Kreuzigung gegangen ist?**

- **a** Via dolorosa
- **b** Kreuzweg
- **c** Via Jesu Christi
- **d** Golgota-Straße

61 **Wie heißt in der evangelischen Kirche der Sonntag nach Ostern?**

- **a** Blauer Sonntag
- **b** Quasimodogeniti
- **c** Exaudi
- **d** Ewigkeitssonntag

62 **Welche liturgische Farbe ist von der Agende in der evangelischen Kirche am Karfreitag vorgeschrieben?**

- **a** Schwarz
- **b** Weiß
- **c** Violett
- **d** Grün

63 **Wann wurde das Fronleichnamsfest offiziell eingeführt?**

- **a** um 660 n. Chr.
- **b** am 11. August 1264
- **c** um 1550
- **d** am 31. Oktober 1871

64 **Auf welches biblische Ereignis geht das Fest Mariä Heimsuchung zurück (2. Juli)?**

- **a** Ankündigung von Jesu Geburt
- **b** Hochzeit von Kana
- **c** Flucht von Josef und Maria nach Ägypten
- **d** Besuch Marias bei Elisabet

65 **An welchem Tag feiert die katholische Kirche das »Fest Mariä Geburt«?**

- **a** 1. Januar
- **b** 25. März
- **c** 15. Juli
- **d** 8. September

66 **Auf welches Datum fällt das »Hochfest der ohne Erbsünde empfangenen Jungfrau und Gottesmutter Maria«?**

a 4. Dezember
b 8. Dezember
c 13. Dezember
d 15. Dezember

67 **Am 25. Januar feiert die katholische Kirche ein Fest des Apostels Paulus, welches ist es?**

a Todestag des Paulus
b Weihe der Kirche »St. Paul vor den Mauern« in Rom
c Bekehrung des Apostels Paulus
d Pauli Namen

68 **Seit wann gibt es den Rosenmontagsumzug?**

a seit dem 12. Jh.
b seit 1589
c seit 1823
d seit 1908

69 **Welches Evangelium wird am Reformationstag gelesen?**

a Seligpreisungen (Mt 5, 2-10)
b Passion nach Johannes (Joh 19, 26-30)
c das Gleichnis vom verlorenen Sohn (Lk 15, 11-32)
d Heilung des blinden Bartimäus (Mk 10, 46-52)

70 **Wann wird der Tauftag von Martin Luther begangen?**

a am 31. Oktober
b am 18. Februar
c am 11. November
d am 24. Juni

Evangelisch/Katholisch

1 Was bedeutet das Wort »Konfession«?

- **a** Einteilung
- **b** Sendung
- **c** Erlösung
- **d** Bekenntnis

2 Was bedeutet der Begriff »Ökumene« wörtlich?

- **a** die bewohnte Erde
- **b** Umweltschutz
- **c** Kirchenhaushaltsplan
- **d** Vermischung

3 Welche beiden Sakramente gibt es in der evangelischen Kirche?

- **a** Abendmahl und Taufe
- **b** Konfirmation und Taufe
- **c** Ehe und Ordination
- **d** Buße und Abendmahl

4 Welches Sakrament wird von evangelischer und katholischer Kirche gegenseitig anerkannt?

- **a** Abendmahl
- **b** Taufe
- **c** Bußsakrament
- **d** Firmung/Konfirmation

5 Wie heißt das Fest, welches Ende September oder Anfang Oktober in der evangelischen und katholischen Kirche gefeiert wird?

- **a** Fronleichnam
- **b** Ewigkeitssonntag
- **c** Mariä Himmelfahrt
- **d** Erntedank

6 **Wo übersetzte Luther das Neue Testament in ein allgemein verständliches Deutsch?**

- **a** in Wittenberg
- **b** in Eisleben
- **c** auf der Wartburg
- **d** in Worms

7 **Wie heißt der Gründer der Kommunität von Taizé?**

- **a** Albert Schweitzer
- **b** Dietrich Bonhoeffer
- **c** Roger Schutz
- **d** Martin Luther King

8 **Wie heißt die weiße Halsbinde, die vom evangelischen Pfarrer meist zum Talar getragen wird?**

- **a** Beffchen
- **b** Toga
- **c** Talar
- **d** Barett

9 **Was wird zu Ostern beim Tragen der Osterkerze in die Kirche gesungen?**

- **a** Lumen Christi
- **b** Credo in unum deum
- **c** Te deum
- **d** Ave Maria

10 **Wie nennt man einen katholischen Priester, der noch kein Pfarrer ist?**

- **a** Diakon
- **b** Kaplan
- **c** Kantor
- **d** Gemeindereferent

11 **Wie viele Sonntage in der Passionszeit (katholisch: Fastensonntage) gibt es?**

a 4
b 5
c 6
d 7

12 **Wann wird in der katholischen Kirche ein Konklave einberufen?**

a Dogmenverkündigung
b Vorbereitung einer Enzyklika
c Papstwahl
d Papstmesse

13 **Wie heißt die Leitung einer evangelisch-lutherischen Gemeinde?**

a Kirchenvorstand
b Pfarrgemeinderat
c Rat der Ältesten
d Aufsichtsrat

14 **Auf welche Bibelstelle stützt sich hauptsächlich das Papstamt?**

a Du bist Petrus und auf diesen Felsen will ich meine Kirche bauen. (Mt 16,18)
b Amen, ich sage dir: Heute noch wirst du mit mir im Paradies sein. (Lk 23,43)
c Ich bin der Weg, die Wahrheit und das Leben. (Joh 14,6)
d Du hättest keine Macht über mich, wenn sie dir nicht von oben gegeben wäre. (Joh 19,11)

15 **Wo wurde 1945 das Schuldbekenntnis der Evangelischen Kirche veröffentlicht?**

a Berlin
b Stuttgart
c Wittenberg
d Hannover

16 **Wann und wo fand der erste ökumenische Kirchentag in Deutschland statt?**

- **a** 1968 in Düsseldorf
- **b** 1982 in Stuttgart
- **c** 1994 in Dresden
- **d** 2003 in Berlin

17 **Wie werden die Messdiener in der katholischen Kirche noch genannt?**

- **a** Ministranten
- **b** Diakone
- **c** Konzelebranten
- **d** Novizen

18 **Wie heißt die Zusammenfassung der Lehre Luthers?**

- **a** Allein die Gnade, allein der Glaube, allein Christus, allein die Schrift
- **b** Bete und arbeite
- **c** Was du nicht willst, was man dir tu, das füg auch keinem anderen zu.
- **d** Hier stehe ich und kann nicht anders, Gott schütze mich, Amen

19 **Welche Farben hat die Flagge des Vatikanstaates?**

- **a** Purpurrot/Weiß
- **b** Gelb/Weiß
- **c** Blau/Weiß/Rot
- **d** Grün/Weiß

20 **Was bedeutet in den evangelischen Kirchen der Begriff Ordination?**

- **a** Aufräumen und Pflege der liturgischen Geräte
- **b** Auftrag zur Verkündigung und Sakramentsverwaltung an einen Theologen
- **c** Leseordnung der Bibel an Fest- und Feiertagen
- **d** Amtstracht von Pfarrern und Pfarrerinnen

21 Welches Fest feiert die evangelische Kirche am 31. Oktober?

a Allerheiligen
b Reformationstag
c Buß- und Bettag
d Geburtstag Martin Luthers

22 Auf welche Instanz berufen sich protestantische Kirchen in Glaubensfragen?

a auf den Ökumenischen Rat der Kirchen und die Bibel
b auf den Papst und die Bibel
c nur auf die Bibel
d auf Luther und die Bibel

23 Woher stammt der Begriff evangelische »Landeskirche«?

a Am Anfang der Reformation gab es eine Kirche für das ganze Land (Deutschland).
b Am Anfang breitete sich die Reformation vor allem auf dem Land aus.
c Am Anfang der Reformation bestimmte der Fürst die Konfession seiner Untertanen.
d Am Anfang der Reformation wanderten viele Christen aus und bildeten »Auslandskirchen«.

24 Was bedeutet das Wort »katholisch«?

a allein seligmachend
b rechtgläubig
c weltumspannend
d heilig

25 Wo entstand die Reformation in Deutschland?

a Stuttgart
b Hannover
c Wittenberg
d Naumburg

26 **An welchem Tag im katholischen Kirchenjahr findet keine Eucharistiefeier (Abendmahl) statt?**

- **a** Aschermittwoch
- **b** Karsamstag
- **c** Fronleichnam
- **d** Heilig Abend

27 **Wie wird der Segen am Schluss vieler evangelischer Gottesdienste (»Der Herr segne dich und behüte dich …«) bezeichnet?**

- **a** Irischer Segen
- **b** Aaronitischer Segen
- **c** Kanaanitischer Segen
- **d** Israelitischer Segen

28 **Was bedeutet der Begriff »Hierarchie« wörtlich?**

- **a** Heilige Herrschaft
- **b** Himmelreich
- **c** Jüngster Tag
- **d** Kirchenrecht

29 **Wie heißt die weltweite Versammlung der katholischen Bischöfe, um verbindliche Beschlüsse zu fassen?**

- **a** Konklave
- **b** Konzil
- **c** Zölibat
- **d** Zölikum

30 **Wo entstand der Weltgebetstag der Frauen, der vor über 100 Jahren als eine ökumenische Initiative ins Leben gerufen wurde?**

- **a** Schweiz
- **b** Großbritannien
- **c** Brasilien
- **d** USA

31 **Seit wann erscheinen die »Losungen« der Herrnhuter Brüderunität in gedruckter Form?**

- **a** seit 1731
- **b** seit 1789
- **c** seit 1841
- **d** seit 1893

32 **Was ist der Ökumenische Rat der Kirchen nach seinem eigenen Selbstverständnis?**

- **a** eine Kirche
- **b** eine Gemeinschaft der Kirchen
- **c** unfehlbar
- **d** heilig

33 **In wie viele Bistümer (inklusive Erzbistümer) gliedert sich die katholische Kirche in Deutschland?**

- **a** 14
- **b** 18
- **c** 24
- **d** 27

34 **Wie heißt die Frau Luthers, die als die erste Pfarrfrau in der evangelischen Kirche gilt?**

- **a** Hildegard von Bingen
- **b** Bertha von Suttner
- **c** Karoline von Günderode
- **d** Katharina von Bora

35 **Wie hieß die dreifache Krone, die bis 1964 von den Päpsten getragen wurde?**

- **a** Mitra
- **b** Birett
- **c** Tiara
- **d** Pallium

36 **Warum heißt die Frühmesse im Advent, die mit Kerzenbeleuchtung stattfindet, »Rorate-Messe«?**

- **a** rorare lat. tropfen: die Kerzen tropfen
- **b** rorare lat. tauen: die lateinischen Anfangsworte der Messe übersetzt: »Tauet Himmel, von oben« (Jes 45, 8)
- **c** rorare lat. feucht sein: früher waren die Kirchen um die frühe Zeit noch feucht
- **d** rorare lat. befeuchten: das Kirchengestühl wurde befeuchtet, damit es nicht anbrennt

37 **Wie nennt man das Wappen von Martin Luther?**

- **a** Lutherrose
- **b** Lutherlamm
- **c** Lutherkreuz
- **d** Lutherfisch

38 **Von welchem Wort leitet sich das Wort »Zölibat« ab?**

- **a** collegium (Vereinigung)
- **b** celo (verbergen, verstecken)
- **c** caeles (himmlich)
- **d** caelebs (ehelos)

39 **Welche drei Weihestufen gelten in der katholischen Kirche als Sakrament?**

- **a** Priesterweihe, Nonnenweihe, Mönchsweihe
- **b** Lektorenweihe, Ministrantenweihe, Priesterweihe
- **c** Papstweihe, Kardinalsweihe, Propstweihe
- **d** Bischofsweihe, Priesterweihe, Diakonenweihe

40 **Wie heißt die Hilfsaktion der katholischen Kirche für Lateinamerika, für die am 1. Advent gesammelt wird?**

- **a** Renovabis
- **b** Brasilia
- **c** Adveniat
- **d** Miserior

41 Welches der genannten Bücher erscheint nicht in der Lutherbibel?

- **a** Der Prophet Jesaja
- **b** Das Buch Jesus Sirach
- **c** Die Offenbarung des Johannes
- **d** Der Prophet Jeremia

42 Wie heißt die gesetzgebende Versammlung in der lutherischen Landeskirche?

- **a** Synode
- **b** Landtag
- **c** Pfarrgemeinderat
- **d** Kongress

43 Wie nennt man die Weitergabe des Bischofsamtes durch Handauflegung?

- **a** apostolische Sukzession
- **b** episkopale Confession
- **c** orthodoxe Manifestation
- **d** römisches Ciborium

44 Auf welches historische Ereignis geht der Begriff »Protestant« zurück?

- **a** Zwingli protestiert 1534 gegen die Ausweisung reformierter Gläubiger.
- **b** Luther protestiert mit seinen Thesen 1517 gegen den Ablasshandel.
- **c** Die evangelischen Reichsstände verließen 1529 unter Protest den Reichstag zu Speyer.
- **d** Calvin protestiert 1545 gegen die Marienverehrung

45 Was versteht man in der katholischen Kirche unter einer Wallfahrt?

- **a** Pilgerreise zu heiligen Orten
- **b** einen Fronleichnamsumzug
- **c** eine Novene zu Ehren Marias
- **d** einen Gottesdienst in Fatima

46 **Welches Gebet wird im Monat Oktober in der katholischen Kirche traditionell gebetet?**

- **a** Rosenkranz
- **b** Vesper
- **c** Kreuzweg
- **d** Magnifikat

47 **Welche evangelische Gemeinschaft war als erste missionarisch tätig?**

- **a** die Herrnhuter Brüderunität
- **b** die Diakonissen-Schwestern
- **c** die Michaelsbruderschaft
- **d** die Landeskirchliche Gemeinschaft

48 **Wann wird das Fronleichnamsfest gefeiert?**

- **a** Gründonnerstag
- **b** Donnerstag nach Pfingsten
- **c** Donnerstag nach dem Dreifaltigkeitssonntag
- **d** Donnerstag nach Erntedank

49 **Wie wird das Amt des Pfarrers in der evangelischen Kirche noch genannt?**

- **a** Apostelamt
- **b** Lehramt
- **c** Priesteramt
- **d** Predigtamt

50 **An welchem Tag begeht man in der katholischen Kirche das Fest »Verkündigung des Herrn«?**

- **a** 25. März
- **b** 22. Mai
- **c** 11. November
- **d** 1. Dezember

51 **Worauf bezieht sich der Name »Mariä Lichtmess«?**

a auf die Jahreszeit
b auf einen typischen Leuchter
c auf das ewige Licht
d Kerzenweihe

52 **Wie heißt die Vereinigung der evangelischen Landeskirchen in Deutschland?**

a EBK (Evangelische Bischofskonferenz)
b KEKD (Konzil der Evangelischen Kirchen Deutschlands)
c DEVK (Deutsche Evangelische Vereinigte Kirchen)
d EKD (Evangelische Kirche in Deutschland)

53 **Wie heißt der Vertrag zwischen dem Vatikan und einem Staat oder Land?**

a Konvikt
b Konkordat
c Konvulut
d Konklave

54 **Was ist eine Simultankirche?**

a eine Freikirche
b Gottesdienst in zwei Sprachen
c zwei Konfessionen – eine Kirche
d Gottesdienst für Gehörlose

55 **Welche lateinische Bezeichnung eines Passionssonntages steht in evangelischen und katholischen Liturgiekalendern?**

a Estomihi
b Okuli
c Lätare
d Judika

56 **Wann wird in Santiago de Compostela ein Heiliges Jakobsjahr gefeiert?**

- **a** wenn der 25.Juli (Jakobstag) auf einen Sonntag fällt
- **b** alle 25 Jahre
- **c** wenn der Papst es verkündet
- **d** in jedem durch 2, 5 oder 7 (= 25. 7.) teilbaren Jahr

57 **Wann hat die letzte evangelische Landeskirche die Ordination von Frauen eingeführt?**

- **a** 1976
- **b** 1979
- **c** 1988
- **d** 1991

58 **Wie hieß der Kurfürst, der Luther auf der Wartburg in Eisenach in Schutzhaft nahm?**

- **a** August der Starke
- **b** Friedrich der Weise
- **c** Otto der Große
- **d** Johann der Gute

59 **Bei welchen Fragen gilt unter bestimmten Bedingungen die päpstliche Unfehlbarkeit?**

- **a** Exkommunikation
- **b** Bischofsernennungen
- **c** Glaubens- und Sittenfragen
- **d** Heiligsprechungen

60 **Was versteht man in der evangelischen Kirche unter Diakonissen?**

- **a** eine caritative Schwesterngemeinschaft
- **b** die Frauenorganisation der EKD
- **c** Sekretärinnen bei der EKD
- **d** eine Gebetsgemeinschaft

61 **Wie heißen die Gebets- und Fastentage in der katholischen Kirche, die viermal im Jahr jeweils zu Beginn der Jahreszeiten begangen werden?**

- **a** Quatember
- **b** Quadriga
- **c** Quadragesima
- **d** Quasimodogeniti

62 **Was versteht man unter den Herrenhuter Losungen?**

- **a** Tagesimpulse aus der Bibel
- **b** ein freikirchliches Glaubensbekenntnis
- **c** Predigttexte für den Gottesdienst
- **d** ein Gesangbuch

63 **Wer gründete die »Innere Mission«?**

- **a** Philipp Melanchthon
- **b** Karl Barth
- **c** Martin Niemöller
- **d** Johann Hinrich Wichern

64 **Wann und wo fand der erste deutsche Katholikentag statt?**

- **a** in Mainz 1848
- **b** in München 1871
- **c** in Trier 1905
- **d** in Köln 1928

65 **Welche beiden Konfessionen schlossen sich 1817 in Preußen zur Kirche der Union zusammen?**

- **a** Reformierte und Methodisten
- **b** Anglikaner und Lutheraner
- **c** Lutheraner und Reformierte
- **d** Lutheraner und Altkatholiken

66 **In welcher polnischen Stadt war Papst Johannes Paul II. vor seiner Wahl Kardinal ?**

a Krakau
b Breslau
c Warschau
d Lublin

67 **Auf welchem Reichstag soll Luther 1521 gesagt haben: »Hier stehe ich, ich kann nicht anders!«?**

a Speyer
b Worms
c Augsburg
d Regensburg

68 **Was besagt der Augsburger Religionsfriede?**

a Die Wahl der Konfession ist absolut frei.
b Die Landesfürsten dürfen die Konfession ihrer Untertanen bestimmen.
c Es darf kein Krieg gegen Muslime geführt werden.
d Es wird ein Parlament aus den verschiedenen Konfessionen gebildet.

69 **Was versteht man unter einem Ablass?**

a anderes Wort für Beichte
b Erlass der Bußstrafe
c Ausschluss von der Kommunion
d allgemeines Sündenbekenntnis

70 **Wann und wo verabschiedeten die Mitglieder der »Bekennenden Kirche« eine Erklärung zur Unabhängigkeit der evangelischen Kirche vom NS-Staat?**

a Berlin 1933
b Barmen 1934
c Limburg 1938
d Zürich 1940

1 **Was war das besondere Zeichen, als Gott sich Mose in einem Dornbusch offenbarte?**

- **a** Eine Wolke stand über dem Dornbusch.
- **b** Es lagen Tontafeln unter dem Dornbusch.
- **c** Es entsprang plötzlich eine Quelle unter dem Dornbusch.
- **d** Der Dornbusch brannte, aber verbrannte nicht.

2 **Welches Zeichen gibt Gott für den Bund zwischen Noach und ihm?**

- **a** Taube
- **b** Regenbogen
- **c** Baum
- **d** Stern

3 **Wie nennt man die Frauen und Männer, welche die Israeliten an Gott erinnerten, Wunder vollbrachten, sich um Arme kümmerten und Könige berieten?**

- **a** Priester
- **b** Propheten
- **c** Philosophen
- **d** Protestanten

4 **Was verwirrte Gott beim Turmbau zu Babel?**

- **a** das Baumaterial
- **b** die Sprache der Bauleute
- **c** die Baupläne
- **d** den Verstand des Bauherrn (König von Babylon)

5 **Mit welcher Waffe besiegte der junge Hirtenjunge David den starken Philister Goliat?**

- **a** Steinschleuder
- **b** Speer
- **c** Pfeil und Bogen
- **d** Wurfstern

6 **Wie heißt der älteste Mensch der Bibel (969 Jahre)?**
- **a** Abschalom
- **b** Methusalem
- **c** Nebukadnezzar
- **d** Gilgamesch

7 **In welches Meer mündet der Jordan?**
- **a** Tote Meer
- **b** Mittelmeer
- **c** Rote Meer
- **d** Schwarze Meer

8 **Wessen Sohn war Abel?**
- **a** Eva
- **b** Sara
- **c** Rahel
- **d** Ruth

9 **Welche beiden Personen sind Geschwister?**
- **a** Jakob und Esau
- **b** Isaak und Jakob
- **c** Noach und Mose
- **d** Kain und Benjamin

10 **Wie heißt das erste Buch des Alten Testaments?**
- **a** Ezechiel
- **b** Josua
- **c** Genesis
- **d** Exodus

11 **Welche bekannte Geschichte aus dem Alten Testament erklärt den Ursprung des Sabbats?**

a die Sintflut
b Josef in Ägypten
c der Auszug Abrahams nach Kanaan
d die Schöpfungsgeschichte

12 **In welchem Land wurde Mose geboren?**

a Israel
b Babylon
c Griechenland
d Ägypten

13 **Wo wurde Mose als Kind von einer ägyptischen Pharaonentochter gefunden?**

a im Feld
b im Fluss
c vor der Tür
d im Stall

14 **Wie werden die zehn Gebote noch genannt?**

a Dekalog
b Oktagon
c Pentateuch
d Septuaginta

15 **Wie lange zogen die Israeliten nach ihrem Auszug aus Ägypten durch die Wüste?**

a 40 Tage
b 40 Jahre
c 77 Stunden
d 77 Monate

16 **Wie hießen die beiden Söhne von Isaak und Rebekka?**
- **a** Kain und Abel
- **b** David und Goliath
- **c** Benjamin und Josef
- **d** Esau und Jakob

17 **Wie hieß die Stadt, die der Prophet Jona vor dem Untergang warnen sollte?**
- **a** Sodom
- **b** Ninive
- **c** Jericho
- **d** Babel

18 **Was brachte die von Noach ausgesandte Taube zur Arche?**
- **a** einen kleinen Stein
- **b** einen Grashalm
- **c** ein Samenkorn
- **d** einen Olivenzweig

19 **Warum ließ David einen seiner eigenen Heerführer umbringen?**
- **a** weil der Heerführer ihn beleidigt hatte
- **b** wegen Umsturzplänen des Heerführers
- **c** um dessen Frau zu verführen
- **d** wegen einer verlorenen Schlacht

20 **Wie heißt der älteste Sohn Jakobs?**
- **a** Ruben
- **b** Simeon
- **c** Juda
- **d** Josef

21 **Was für ein Baum war der Baum der Erkenntnis im Paradies, von dem Adam und Eva nicht essen sollten?**

- **a** Apfelbaum
- **b** Feigenbaum
- **c** ist nicht näher beschrieben
- **d** Zypresse

22 **Wie heißt die Stadt, aus der der König David stammte?**

- **a** Jerusalem
- **b** Betlehem
- **c** Hebron
- **d** Samaria

23 **In welchem Buch ist die Geschichte von David und Goliat aufgeschrieben?**

- **a** Exodus
- **b** 1. Buch Samuel
- **c** Jesaja
- **d** 1. Buch der Chronik

24 **Wie hieß die Frau Nabals, die später Davids Frau wurde?**

- **a** Abigajil
- **b** Esther
- **c** Aphia
- **d** Eunike

25 **Wie hieß Abrahams erster Sohn?**

- **a** Josua
- **b** Isaak
- **c** Maleachi
- **d** Ismael

26 **Wie hieß der jüngste Sohn Jakobs und Rahels?**

a Benedikt
b Benjamin
c Josef
d Jonathan

27 **Was schenkte Jakob seinem Sohn Josef, was den Neid seiner Brüder erregte?**

a eine Herde Ziegen
b einen Ärmelrock
c eine Goldkette
d einen Sklaven

28 **Welche Tätigkeit übte Elija aus?**

a Prophet
b König
c Priester
d Heerführer

29 **Wie hieß die Frau Isaaks?**

a Sara
b Judit
c Miriam
d Rebekka

30 **In welcher Gestalt zog Gott bei Tage während der Wüstenwanderung vor den Israeliten her?**

a als Bienenschwarm
b als Wolkensäule
c als Feuersäule
d als Vogel

31 **An welchem Schöpfungstag schuf Gott die Pflanzen und Bäume, Gräser und Blumen auf der Erde?**

- **a** am ersten Tag
- **b** am dritten Tag
- **c** am sechsten Tag
- **d** am siebenten Tag

32 **Wer bewacht den Eingang des Paradieses, nachdem Gott die Menschen daraus verbannt hat?**

- **a** die Schlange (die Eva in Versuchung führte)
- **b** die Kerubim (Engelgestalten)
- **c** Luzifer (der »gefallene« Engel)
- **d** ein silberner Löwe

33 **Die Genesis erzählt von einem Fluss, der im Garten Eden entspringt und sich in vier Flüsse teilt: Welcher Fluss gehört nicht dazu?**

- **a** Tigris
- **b** Eufrat
- **c** Ganges
- **d** Pischon

34 **Was befand sich in der Bundeslade?**

- **a** der siebenarmige Leuchter
- **b** die steinernen Gesetzestafeln
- **c** der goldene Davidsstern
- **d** gar nichts

35 **Für wen wird der Name Israel zuerst verwendet?**

- **a** Jakob
- **b** Abraham
- **c** Noach
- **d** Adam

36 **Wie hieß der behaarte Zwillingsbruder von Jakob?**
- **a** Esau
- **b** Aaron
- **c** Ruben
- **d** Eliah

37 **Wofür verkaufte Esau sein Erstgeburtsrecht an Jakob?**
- **a** für ein Linsengericht
- **b** für 100 Schafe
- **c** für 30 Denare
- **d** er verschenkt es

38 **Wie heißen die Götter, besonders der Gott des Sturmes, der Kanaaniter?**
- **a** Baal
- **b** Ra
- **c** Thor
- **d** Zeus

39 **Wie hieß die Frau, die den assyrischen Feldherrn Holofernes erschlug?**
- **a** Ester
- **b** Judit
- **c** Rahel
- **d** Lea

40 **Was beteten die Israeliten an, als Mose den Berg Sinai bestieg, um mit Gott zu sprechen?**
- **a** ein goldenes Kalb
- **b** einen siebenarmigen eisernen Leuchter
- **c** eine tönerne Taube
- **d** die Sonne

41 **Wie heißen die biblischen Schriften, die nicht in den Kanon der Heiligen Schrift aufgenommen wurden?**

- **a** Apokryphen
- **b** Epistel
- **c** Konzilien
- **d** Enzyklika

42 **Welche Tiere versorgten den Propheten Elija mit Essen?**

- **a** Raben
- **b** Füchse
- **c** Fische
- **d** Ziegen

43 **Wie hieß Abrahams Neffe?**

- **a** Isaak
- **b** Abschalom
- **c** Lot
- **d** Sem

44 **Wie heißt der Vater von König David?**

- **a** Salomo
- **b** Saul
- **c** Isai
- **d** Ismael

45 **Wer baute den ersten Tempel in Jerusalem?**

- **a** Salomo
- **b** David
- **c** Herodes
- **d** Jesaja

46 **Wen heiratet eine Frau, wenn sie eine Leviratsehe eingeht?**
- **a** einen Rabbiner
- **b** einen Propheten
- **c** den Bruder ihres verstorbenen Mannes
- **d** ihren Bruder

47 **Was sandte Gott dem Pharao, weil der die Israeliten nicht ziehen lassen wollte?**
- **a** ein Erdbeben
- **b** zehn Plagen
- **c** sieben Jahre Hungersnot
- **d** den Propheten Jeremia

48 **Welcher Prophet verschwand mit einem feurigen Wagen in einem Wirbelsturm?**
- **a** Jesaja
- **b** Elija
- **c** Samuel
- **d** Maleachi

49 **Welcher Mann war berühmt wegen seiner Körperkraft, deren Geheimnis im ungeschorenen Haar lag?**
- **a** Simeon
- **b** Samuel
- **c** Simson
- **d** Simon

50 **Wie hieß die Frau Jojakims, die wegen fälschlicher Anklage des Ehebruchs zum Tode verurteilt, aber von Daniel gerettet wurde?**
- **a** Rebekka
- **b** Rut
- **c** Batseba
- **d** Susanna

51 **Welches der aufgezählten Bücher des Alten Testaments gehört zu den fünf Büchern Mose?**

- **a** Numeri
- **b** Richter
- **c** Chronik
- **d** Hosea

52 **Was konnte der Esel des Wahrsagers Bileam?**

- **a** auf den Hinterbeinen gehen
- **b** sprechen
- **c** Gold ausscheiden
- **d** tanzen

53 **Wie hieß die wichtigste Gottheit der Philister?**

- **a** Ra
- **b** Baal
- **c** Zeus
- **d** Dagon

54 **In welchem Buch wird über den Tod Moses berichtet?**

- **a** Exodus
- **b** Deuteronomium
- **c** Buch der Könige
- **d** es gibt keinen Bericht darüber

55 **In welchem Buch der Bibel ist die Geschichte von Josef und seinen Brüdern aufgeschrieben?**

- **a** Genesis (1. Buch Mose)
- **b** Exodus (2. Buch Mose)
- **c** 1. Buch der Chronik
- **d** 2. Buch der Chronik

56 **Von welchem Tier können laut Salomo Faulenzer lernen?**
- **a** Biene
- **b** Esel
- **c** Katze
- **d** Ameise

57 **Wie hieß die Schwester von Mose und Aaron?**
- **a** Mirjam
- **b** Ester
- **c** Hagar
- **d** Tamar

58 **Wer salbte David zum König von Israel, als dieser noch jung war?**
- **a** Nathan
- **b** Jesaja
- **c** Elija
- **d** Samuel

59 **Woran scheiterte die Flucht von Abschalom, des Sohnes von David, der sich gegen seinen Vater auflehnte?**
- **a** fehlendes Wasser
- **b** Verräter in seinem Gefolge
- **c** an seinen langen Haaren
- **d** an Davids Steinschleuder

60 **Was wünschte sich König Salomo bei seinem Amtsantritt von Gott?**
- **a** Geld
- **b** Tapferkeit
- **c** Weisheit
- **d** Macht

61 **An welchem Brunnen schloss Abraham einen Bund mit Abimelechs, dem König der Gerar?**

- a Beerscheba
- b Betesda
- c Esek
- d Efraim

62 **Wie heißt der Ort, wo Gott dem Abraham in Gestalt von drei Männern erschien?**

- a Machpela
- b Meriba
- c Mamre
- d Masada

63 **Wie viele Propheten zählt man zu den kleinen Propheten?**

- a zwölf
- b zehn
- c acht
- d sieben

64 **Wie hieß der Nachfolger von Mose, der die Israeliten ins gelobte Land führte?**

- a Josua
- b Jona
- c Jeremia
- d Jesaja

65 **Wie heißt die Mutter des Propheten Samuel?**

- a Rahel
- b Hanna
- c Rut
- d Hagar

66 Wie hieß die Heerführerin, die gemeinsam mit Barak gegen die Kanaaniter erfolgreich kämpfte?
- **a** Rahel
- **b** Debora
- **c** Judit
- **d** Tabita

67 Welche jüdische Person war ein hoher Beamter in Persien und baute später die Stadtmauern in Jerusalem wieder auf?
- **a** Nehemia
- **b** Naftali
- **c** Natanael
- **d** Naaman

68 In welchem Ort handelt die Geschichte von Ester?
- **a** Babylon
- **b** Susa
- **c** Theben
- **d** Ekbatana

69 Von wo holte David die Bundeslade nach Jerusalem?
- **a** Schilo
- **b** Beerscheba
- **c** Tamre
- **d** Gibea

70 Wie heist das kurze Lied, welches das früheste Zeugnis über den Auszug aus Ägypten darstellt?
- **a** Lied der Hanna
- **b** Lied des David
- **c** Lied des Saul
- **d** Lied der Mirjam

1 **Was für Gaben brachten die Weisen aus dem Morgenland dem Jesuskind dar?**

- **a** Gold, Silber und Lavendel
- **b** Gold, Weihrauch und Myrrhe
- **c** Gold, Sandelholz und Chrisam
- **d** Gold, Wacholder und Minze

2 **In welcher Stadt wohnten Maria und Josef, bevor sie nach Betlehem zogen?**

- **a** Jerusalem
- **b** Damaskus
- **c** Nazaret
- **d** Kafarnaum

3 **Warum mussten Maria und Josef in Betlehem in einem Stall übernachten?**

- **a** weil sie kein Geld hatten
- **b** weil in der Herberge kein Platz mehr war
- **c** weil sie sich verlaufen hatten
- **d** weil in der Herberge Ochs und Esel nicht erlaubt waren

4 **Was war Josef, der Verlobte Marias, von Beruf?**

- **a** Zimmermann
- **b** Winzer
- **c** Schriftgelehrter
- **d** Händler

5 **Wie heißt das Gewässer, an dem Jesus die ersten Jünger berief?**

- **a** Totes Meer
- **b** See Gennesaret
- **c** Jordan
- **d** Bach Kidron

6 **Welcher Apostel ging Jesus auf dem Wasser entgegen und begann dabei unterzugehen?**

- **a** Johannes
- **b** Andreas
- **c** Petrus
- **d** Judas

7 **Womit vergleicht Jesus den Glauben?**

- **a** mit einem Senfkorn
- **b** mit einer Schriftrolle
- **c** mit einem Eselskarren
- **d** mit einem Weinkrug

8 **Welches Zeichen erinnerte Petrus an die Worte Jesu, dass er dreimal leugnen würde, Jesus zu kennen?**

- **a** das Krähen eines Hahnes
- **b** eine Mondfinsternis
- **c** er bekommt 30 Silberlinge
- **d** er sieht einen Esel an einem Feigenbaum angebunden

9 **Was trugen die zehn Jungfrauen im Gleichnis Jesu, als sie dem Bräutigam entgegengehen?**

- **a** Lampen
- **b** Salböl
- **c** Leinentücher
- **d** Krüge mit Wein

10 **Was riss beim Tod Jesu entzwei?**

- **a** das Gewand des Petrus
- **b** der Vorhang im Tempel
- **c** die Absperrungsseile des Kreuzigungsplatzes
- **d** die Stricke, mit denen die zwei Verbrecher am Kreuz befestigt waren

11 **Von wem stammte der Befehl, dass sich alle Bewohner des Römischen Reiches, so auch Josef und Maria, in Steuerlisten eintragen mussten?**

a Pontius Pilatus
b Kaiser Augustus
c Julius Cäsar
d König Herodes

12 **Wie nennt Jesus Gott-Vater in einer vertrauten Anrede?**

a Rabbi
b Abba
c Ashaver
d Zebaoth

13 **Welcher römische Kaiser herrschte bei der Geburt Jesu?**

a Julius Cäsar
b Augustus
c Marcus Antonius
d Nero

14 **Wie hieß der Bruder Martas und Marias aus Betanien, den Jesus von den Toten auferweckte?**

a Lazarus
b Zacharias
c Zachäus
d Luzius

15 **Welche Tiere musste der verlorene Sohn im gleichnamigen Gleichnis Jesu in der Fremde hüten?**

a Schafe
b Schweine
c Rinder
d Ziegen

16 **Wer rettete in einem Gleichnis einen von Räubern überfallenen Kaufmann?**

- **a** ein Samariter
- **b** ein Levit
- **c** ein Schriftgelehrter
- **d** ein Philister

17 **Mit welchem Ruf wird Jesus beim Einzug in Jerusalem von den Menschen begrüßt?**

- **a** Hosanna!
- **b** Halleluja!
- **c** Gloria!
- **d** Kyrie eleison!

18 **Wen trieb Jesus aus dem Tempel in Jerusalem?**

- **a** die Priester
- **b** die Frauen
- **c** die Händler
- **d** die Bettler

19 **Wie sprachen die Jünger und viele andere Juden Jesus oft an?**

- **a** Guru
- **b** Kalif
- **c** Rabbi
- **d** Levi

20 **Welchen Beruf übte Jesus bis zu seinem öffentlichen Wirken aus?**

- **a** Fischer
- **b** Schriftgelehrter
- **c** Hirte
- **d** Zimmermann

21 **Was sagte der Engel zu den Hirten, als er ihnen die Frohe Botschaft von der Geburt Jesu brachte?**

- **a** Friede sei mit euch
- **b** Hosanna in der Höhe
- **c** Fürchtet euch nicht
- **d** Gehet hin in Frieden

22 **Warum flohen Josef und Maria mit Jesus nach Ägypten?**

- **a** wegen einer Hungersnot in Israel
- **b** wegen der Verfolgung durch Herodes
- **c** weil Josef in Betlehem keine Arbeit fand
- **d** wegen der römischen Besatzungsmacht

23 **Was sagte der Teufel, als er Jesus bei seinem Fasten in der Wüste in Versuchung führen wollte: »Wenn du Gottes Sohn bist, so befiehl, dass aus diesen Steinen…**

- **a** …Gold wird.«
- **b** …Brot wird.«
- **c** …ein Schwert wird.«
- **d** …ein Krug Wasser wird.«

24 **Bei welchem Ereignis wirkte Jesus zum ersten Mal ein Wunder?**

- **a** bei der Hochzeit in Kana
- **b** bei der Beerdigung von Josef
- **c** beim Einzug in Jerusalem
- **d** bei der Bergpredigt

25 **Mit welchem Wort bezeichnet Jesus Besitz und Geld noch?**

- **a** Penunzen
- **b** Kohle
- **c** Goldenes Kalb
- **d** Mammon

26 **Wer verurteilte Jesus zum Tod am Kreuz?**

- **a** Kaiser Augustus
- **b** Pontius Pilatus
- **c** König Herodes
- **d** der Hohepriester Kaiphas

27 **Was bedeutet der Name »Golgata«, der Ort, an dem Jesus gekreuzigt wurde?**

- **a** Schädelhöhe
- **b** Schindanger
- **c** Feld des Goliat
- **d** Alter Friedhof

28 **Wie heißt der Jünger Jesu, der mit Maria unter dem Kreuz ausharrte?**

- **a** Johannes
- **b** Petrus
- **c** Jakobus
- **d** Judas

29 **Welcher Ort liegt nicht im alten Israel?**

- **a** Jericho
- **b** Ephesus
- **c** Arimathäa
- **d** Hebron

30 **An welchem Ort wird Jesus von Judas verraten und ausgeliefert?**

- **a** Getsemani
- **b** Golgota
- **c** Gennesaret
- **d** Galiläa

31 **Welcher Evangelist erzählt die Weihnachtsgeschichte mit der Herbergssuche und dem Besuch der Hirten?**

a Matthäus
b Lukas
c Paulus
d Johannes

32 **In welchem Landesteil Palästinas lag die Stadt Nazaret, zu der Zeit, als Jesus seine Kindheit und die erste Zeit seines öffentlichen Wirkens dort verbrachte?**

a Judäa
b Galiläa
c Samaria
d Syrien

33 **Welche beiden Apostel waren Brüder?**

a Petrus und Paulus
b Jakobus und Johannes
c Taddäus und Thomas
d Andreas und Matthäus

34 **Was bedeutet der Name »Petrus«?**

a Fischer
b Fels
c Oberhaupt
d Liebling

35 **Wie heißt der gefangene Aufrührer, der an Stelle von Jesus durch Pilatus zum Pascha-Fest freigelassen wurde?**

a Simeon
b Barabbas
c Natanaël
d Mordechai

36 **Zu wem sagt Jesus den Satz: »Heute noch wirst du mit mir im Paradies sein«?**

- **a** zu Petrus
- **b** zum Hauptmann von Karphanaum
- **c** zum dem einen Verbrecher am Kreuz
- **d** zu Maria, seiner Mutter

37 **Wer gilt als Autor der Apostelgeschichte?**

- **a** Lukas
- **b** Paulus
- **c** Theophilus
- **d** unbekannt

38 **Wie heißt der Hauptmann in der sogenannten Italischen Kohorte aus Cäsaräa, der von Petrus bekehrt und getauft wurde?**

- **a** Quirinius
- **b** Kornelius
- **c** Titus
- **d** Linus

39 **Wie hieß die Christin aus Joppe, die von Petrus vom Tode auferweckt wurde?**

- **a** Susanna
- **b** Salome
- **c** Tamar
- **d** Tabita

40 **Wie heißt das letzte Buch der Bibel?**

- **a** Apokryphen
- **b** Apokalypse
- **c** Apostelgeschichte
- **d** Apologetik

41 **Wie heißt der Erzengel, der Jesu Geburt ankündigt?**
- **a** Gabriel
- **b** Raphael
- **c** Michael
- **d** Uriel

42 **Wie heißt der alte Mann, der Jesus bei seiner Darstellung im Tempel als Messias erkennt?**
- **a** Jakob
- **b** Simeon
- **c** Daniel
- **d** Zacharias

43 **Wie hieß der Vater der Apostel Johannes und Jakobus?**
- **a** Joachim
- **b** Zebedäus
- **c** Zedekia
- **d** Jonathan

44 **Was tun Jesu Jünger am Sabbat, was nach dem jüdischen Gesetz eigentlich verboten ist?**
- **a** Sie pflücken Getreideähren und essen die Körner.
- **b** Sie reparieren ihre Sandalen.
- **c** Sie predigen in der Synagoge.
- **d** Sie machen ein Lagerfeuer und braten ein Lamm.

45 **Welche der folgenden Sätze gehört zu den Seligpreisungen aus Jesu Bergpredigt?**
- **a** Selig, die weise sind…
- **b** Selig, die arm sind vor Gott…
- **c** Selig, die tapfer sind…
- **d** Selig, die an mich glauben…

46 **Was für einen Baum ließ Jesus verdorren, als er auf dem Weg von Betanien nach Jerusalem war?**

- **a** Feigenbaum
- **b** Senfbaum
- **c** Olivenbaum
- **d** Apfelbaum

47 **Wie hieß der Brunnen, an dem Jesus sich mit einer samaritischen Frau unterhielt?**

- **a** Davidsbrunnen
- **b** Mosesbrunnen
- **c** Josefsbrunnen
- **d** Jakobsbrunnen

48 **In welchem Ort erweckte Jesus Lazarus vom Tode?**

- **a** Kafarnaum
- **b** Jericho
- **c** Emmaus
- **d** Betanien

49 **Welcher Mann erscheint mit Elija bei Jesus auf dem Berg der Verklärung?**

- **a** Abraham
- **b** Jeremia
- **c** David
- **d** Mose

50 **Wie heißt der Platz, auf dem der Apostel Paulus in Athen seine berühmte Rede hielt?**

- **a** Capitol
- **b** Theatron
- **c** Areopag
- **d** Synhedrion

51 **Aus dem Schriftwort welches Propheten liest Jesus in seiner Heimatstadt Nazaret vor?**

a Jeremia
b Jesaja
c Samuel
d Sacharja

52 **Wer war Bartholomäus?**

a ein blinder Bettler
b der Räuber, der an Stelle Jesu freigelassen wurde
c ein Apostel
d ein Mitglied der Jerusalemer Urgemeinde

53 **Jesus heilte zehn Aussätzige in einem Dorf an der Grenze zu Samarien, wie viele bedankten sich?**

a keiner
b einer
c sieben
d alle

54 **An welcher Stelle verkündet Jesus die »Goldene Regel« (Alles, was ihr also von anderen erwartet, das tut auch ihnen!)?**

a bei der Bergpredigt
b beim letzten Abendmahl
c bei der geplanten Steinigung der Ehebrecherin
d bei der Heilung der zehn Bettler

55

Was für Öl goss eine Frau im Hause Simons des Aussätzigen über Jesu Haar, um es zu salben?

a Olivenöl
b Rosenöl
c Nardenöl
d Jojobaöl

56 **Wie heißt der Berg der Verklärung nach der frühchristlichen Überlieferung?**

a Sinai
b Tabor
c Ölberg
d Horeb

57 **Wie heißt der Knecht des Hohenpriesters, dem Petrus bei der Gefangennahme Jesu ein Ohr abhieb?**

a Manesse
b Jarus
c Japhet
d Malchus

58 **In welcher Stadt war Paulus zwei Jahre lang gefangen, bevor er in Ketten nach Rom gebracht wurde?**

a Jerusalem
b Cäsarea
c Korinth
d Antiochia

59 **Wie hieß der Jüngling, der bei einer langen Predigt des Paulus einschlief und aus dem Fenster stürzte?**

a Titus
b Justus
c Eutychus
d Hermogenes

60 **Woher stammt der Begriff »Simonie«, der das Erlangen eines kirchlichen Amtes oder einer Pfründe durch Geldzahlung bezeichnet?**

a von Simon Petrus
b von Simon, dem Vater Judas Iskariots
c von Simon dem Zauberer
d von Simon von Zyrene

61 **Wie hieß der Heimatort der beiden Apostel Simon Petrus und Andreas?**
- **a** Kafarnaum
- **b** Betsaida
- **c** Tiberias
- **d** Magdala

62 **Welches Tal musste Jesus durchqueren, wenn er auf den Ölberg wollte?**
- **a** das Jordantal
- **b** das Kidrontal
- **c** das Ge-Hinnomtal
- **d** das Tyropöontal

63 **Wie heißt der Apostel, der als Nachfolger Judas Ischariots gewählt wurde?**
- **a** Markus
- **b** Stephanus
- **c** Matthias
- **d** Paulus

64 **Wie hieß die Hauptstadt der Provinz Asien zur Zeit des Paulus?**
- **a** Ephesus
- **b** Korinth
- **c** Athen
- **d** Pergamon

65 **Aus welchem Land stammte der Kämmerer, den der Apostel Philippus taufte?**
- **a** Ägypten
- **b** Äthiopien
- **c** Arabien
- **d** Armenien

66 **In welcher Stadt wurde Paulus von seinen Jüngern die Stadtmauer heruntergelassen, weil er wegen der Verfolgung nicht durch das Stadttor gehen konnte?**

a Jerusalem
b Damaskus
c Thessalonich
d Ephesus

67 **Wie heißt die Mutter des Timotheus, dem Begleiter und Freund des Paulus?**

a Eunike
b Damaris
c Phoebe
d Aquila

68 **Wie hieß der Silberschmied in Ephesus, der einen Aufstand gegen die Christen anzettelte?**

a Demetrius
b Alexander
c Theofilos
d Leonidas

69 **Wie hieß der Synagogenvorsteher von Kafarnaum, dessen Tochter Jesus vom Tode auferweckt?**

a Zachäus
b Haman
c Jaïrus
d Hasiël

70 **Vor welcher Insel erlitt Paulus Schiffbruch?**

a Zypern
b Rhodos
c Malta
d Kreta

1 **An welchem Wochentag feiern die Juden den Sabbat?**

- **a** am zwölften Tag nach Neujahr
- **b** am Samstag
- **c** am Sonntag
- **d** am siebenten Tag nach Vollmond

2 **Wie heißt das jüdische Gebetshaus?**

- **a** Kirche
- **b** Moschee
- **c** Synagoge
- **d** Tempel

3 **Wie heißt die noch erhaltene Mauer des Tempels in Jerusalem?**

- **a** Tränenmauer
- **b** Klagemauer
- **c** Stadtmauer
- **d** Wundermauer

4 **Wie heißt das jüdische Weihe- und Lichterfest zur Erinnerung an die Einweihung des zweiten Tempels?**

- **a** Chanukka
- **b** Schalom
- **c** Sabbat
- **d** Cheder

5 **Welches Land verwaltete und regierte Palästina bis zur Staatsgründung Israels 1948?**

- **a** Jordanien
- **b** USA
- **c** Großbritannien
- **d** Ägypten

6 **Was bedeutet der Name des »Pascha«-Festes?**
- **a** Auszug
- **b** Untergang
- **c** Versöhnung
- **d** Vorübergang

7 **An welchem Tag nach der Geburt wird ein jüdischer Junge beschnitten?**
- **a** am ersten
- **b** am dritten
- **c** am achten
- **d** am achtzehnten

8 **Was ist der Talmud?**
- **a** Geschichtsbuch
- **b** Kommentar zu Tora und Mischna
- **c** Kopfbedeckung
- **d** jüdischer Neujahrstag

9 **Wie heißt die runde Kopfbedeckung, die Männer beim Betreten der Synagoge aufsetzen müssen?**
- **a** Zizit
- **b** Minjan
- **c** Kippa
- **d** Tefilla

10 **Wie heißt der hebräische Monat, in dem das Pascha-Fest stattfindet?**
- **a** Nisan
- **b** Mazan
- **c** Toyan
- **d** Sukan

11 **Wie heißt die größte Stadt Israels?**

- **a** Tel Aviv
- **b** Jerusalem
- **c** Jericho
- **d** Nazaret

12 **Wie heißen die genossenschaftlich organisierten Landwirtschaftssiedlungen in Israel?**

- **a** Kidron
- **b** Masada
- **c** Mojsche
- **d** Kibbuz

13 **Wie heißt die Gedenkstätte zum Gedenken an die Vernichtung der Juden durch den Nationalsozialismus, der Shoa?**

- **a** Yad Vashem
- **b** Simchat Tora
- **c** Kise Elijahu
- **d** Sch'ma Israel

14 **Wie heißt die Feier, an dem die jüdischen Jungen vor dem Gesetz mündig werden?**

- **a** Bar Mizwa
- **b** Jom Kippur
- **c** Schofar
- **d** Seder

15 **Was ist »Mazze«?**

- **a** Reinigungsbad
- **b** ungesäuertes Brot
- **c** Aufnahme von Jugendlichen in die Gemeinde
- **d** Beschneidung

16 **Wie nennt man einen Rabbi im osteuropäischen Chassidismus?**

- **a** Schofar
- **b** Bar-Mizwa
- **c** Zaddik
- **d** Chanukka

17 **Wie lautet eine Bezeichnung für Gott im Judentum?**

- **a** Elija
- **b** Elohim
- **c** Abel
- **d** Almemor

18 **Wie heißt die Hymne des Staates Israel?**

- **a** Hatikvah
- **b** Halleluja
- **c** Haggada
- **d** Hawdala

19 **Wer proklamierte den Staat Israel und war gleichzeitig der erste Ministerpräsident?**

- **a** Izak Scharon
- **b** David Ben Gurion
- **c** Theodor Herzl
- **d** Siegmund Freud

20 **In Israel liegt die Stelle auf der Erde, die am tiefsten unter dem Meerespiegel liegt. Welche ist es?**

- **a** die Wüste Negeb
- **b** der See Gennesaret
- **c** das Tote Meer
- **d** das Kidrontal

21 **Woran erinnert das Laubhüttenfest?**

- **a** an Israels Wüstenwanderung
- **b** an das Zelt für die Bundeslade
- **c** an die Vertreibung Adam und Evas aus dem Paradies
- **d** an die Errichtung des ersten Tempels unter Salomo

22 **Wie heißt der Kern der mündlichen Überlieferung der Gesetze des Mose?**

- **a** Mesusa
- **b** Kaddisch
- **c** Kippah
- **d** Mischna

23 **Wie hieß der Hohe Rat in der römischen Zeit?**

- **a** Synagoge
- **b** Sanhedrin
- **c** Samothrake
- **d** Siloah

24 **Welches ist der wichtigste Teil der jüdischen heiligen Schriften?**

- **a** Talmud
- **b** Mischna
- **c** Tora
- **d** Kabbala

25 **Wie heißt die älteste jüdische Zeitung, die ihre Redaktion seit 1999 wieder in Berlin-Mitte hat?**

- **a** Jüdischer Kurier
- **b** Jüdische Allgemeine
- **c** Freie Presse
- **d** Jüdisches Tageblatt

26 **Wie heißt die »Ewige Lampe«, die in der Synagoge vor dem Toraschrein angebracht ist?**
- **a** Bar osram
- **b** Ner olam
- **c** Ser ölamp
- **d** Ker sesam

27 **Wie heißt der Versöhnungstag?**
- **a** Bar mizwa
- **b** Rosch Haschana
- **c** Jom Kippur
- **d** Erew Schabbat

28 **Womit beginnt die jüdische Zeitrechnung?**
- **a** mit dem Aufbruch Abrahams nach Kanaan
- **b** mit der Errichtung des ersten Tempels
- **c** mit der Erschaffung der Welt
- **d** mit dem Auszug Moses aus Ägypten

29 **Was ist an der Hochschule für jüdische Studien in Heidelberg seit 2001 wieder möglich?**
- **a** koscher essen
- **b** Gesangsunterricht
- **c** Rabbinerausbildung
- **d** Vorlesungen auf Hebräisch

30 **Was bedeutet der Begriff »Seder«?**
- **a** Zeremonie an den Pascha-Abenden
- **b** Bettler
- **c** Kopfbedeckung
- **d** Arbeitsverbot am Sabbat

31 **Auf welches jüdische Fest geht das christliche Osterfest zurück?**

- **a** Sukkot (Laubhüttenfest)
- **b** Rosch Ha-Schana (Neujahrsfest)
- **c** Pessach (Paschafest)
- **d** Jom Kippur (Versöhnungsfest)

32 **Der Ursprung von welchem Fest wird im Buch Ester erzählt?**

- **a** Rosch Ha-Schana (Neujahr)
- **b** Purim
- **c** Pascha
- **d** Laubhüttenfest

33 **Warum heißt die griechische Übersetzung der hebräischen Bibel »Septuaginta«?**

- **a** weil sie siebzig Seiten umfasst
- **b** weil die Übersetzung 70 Jahre dauerte
- **c** weil die Übersetzung von 72 Männern an 72 Tagen vorgenommen wurde
- **d** weil sie 72 Kapitel umfasst

34 **Wie heißt die jüdische Grundschule?**

- **a** Cheder
- **b** Chuppa
- **c** Kiddusch
- **d** Knesset

35 **Wie heißt das Fest, an dem die jüdischen Mädchen religiös mündig werden?**

- **a** Bar Kochba
- **b** Mikwa
- **c** Kiba
- **d** Bat Mizwa

36 **In welchem Monat unseres Kalenders findet das jüdische Neujahrsfest statt?**

- **a** Januar
- **b** März
- **c** September
- **d** November

37 **Was erwartet den Besucher eines Klesmer-Abends?**

- **a** ein jüdisches Weihnachtsoratorium
- **b** ein koscher zubereitetes Essen
- **c** eine volkstümliche Musikkapelle
- **d** ein Violinkonzert

38 **Wie viele Gebote prägen das Leben der orthodoxen Juden?**

- **a** 10
- **b** 77
- **c** 369
- **d** 613

39 **Wie heißt das wichtigste jüdische Gebet, welches morgens und abends gesprochen wird?**

- **a** Sch'ma Israel
- **b** Bet Knesset
- **c** Chanukka
- **d** Haggada

40 **Wodurch hatte Moses Mendelssohn im 19. Jahrhundert in den Gemeinden heftige Reaktionen ausgelöst?**

- **a** Heirat mit einer Christin
- **b** Frauenordination
- **c** Bibelübersetzung
- **d** Zeitungsartikel

41 **Wie heißt das Gegenteil zu »koscher«?**
- **a** treife
- **b** kittel
- **c** elul
- **d** challe

42 **Wie heißen die Nichtgläubigen, die zum jüdischen Glauben übertreten?**
- **a** Proselyten
- **b** Gojim
- **c** Leviten
- **d** Zeloten

43 **Wie heißt der Baldachin, unter dem das Hochzeitspaar während der Zeremonie steht?**
- **a** Chuzpe
- **b** Chuppa
- **c** Kippa
- **d** Kitbe

44 **Wie heißt das jüdische Wochenfest?**
- **a** Schawuot
- **b** Chanukka
- **c** Kaddisch
- **d** Jeschiwa

45 **Wie heißt die jüdische Kopfbedeckung im jiddischen Sprachgebrauch?**
- **a** Käppulke
- **b** Hutulke
- **c** Jarmulke
- **d** Baskulke

46 **Was ist unter dem Begriff »Brit mila« zu verstehen?**

a Wochenfest
b Beschneidung
c Reinigungsbad
d Gottesdienst

47 **Was bedeutet der jiddische Begriff »Goj«?**

a Tempel
b Nichtjude
c Brot
d nicht koscher

48 **Wie nennt man die Erzählung vom Auszug aus Ägypten, die am Pascha-Fest vorgelesen wird?**

a Haggada
b Challe
c Tallit
d Jetro

49 **Wie heißt der Segen über den Wein am Sabbat und an Festtagen?**

a Litwak
b Kiddusch
c Waschiti
d Mikwe

50 **Wie heißt der Toraschrein an der Ostwand der Synagoge?**

a Targum
b Tenach
c Tefillin
d Teba

51 **Wie heißt der stets freibleibende Sitz in der Synagoge?**
- a Kise Elijahu
- b Mikra
- c Bima
- d Simchat Tora

52 **Wie heißt die vorgeschriebene Zahl von zehn religiös mündigen Männern, die für einen vollgültigen Synagogengottesdienst notwendig sind?**
- a Sidur
- b Halacha
- c Minjan
- d Tosefta

53 **Wie heißt die Talmudschule?**
- a Menora
- b Gemara
- c Kabbala
- d Jeschiwa

54 **Wie heißt das »Achtzehn-Bitten-Gebet« im Hebräischen?**
- a Schmone Esre
- b Kaddisch
- c Seder
- d Jom Hadin

55 **Wie heißt die Dachorganisation der jüdischen Gemeinden in Deutschland?**
- a Jüdische Gemeindekonferenz
- b Simon-Wiesenthal-Zentrum
- c Zentralrat der Juden in Deutschland
- d Bundesversammlung

56 **Wie heißt die »Heilige Bruderschaft«, die sich mit der Bestattung der Toten beschäftigt?**

- **a** Gut jontew
- **b** Schmurre-mazze
- **c** Tu bi schwat
- **d** Chewra kaddischa

57 **Wie heißt die siebentägige Trauerzeit der Angehörigen eines Verstorbenen?**

- **a** Schiwe
- **b** Scheworim
- **c** Seder
- **d** Sukkot

58 **Unter welchem Herrscher wurde 164 v. Chr. der Tempel in Jerusalem wieder eingeweiht (Ursprung des Chanukka-Festes)?**

- **a** Herodes
- **b** Judas Makkabäus
- **c** David
- **d** Simon ben Gamaliel II.

59 **Wie heißt die hebräische Bibel mit den Teilen Tora (Pentateuch), Nebiim (Propheten) und Ketubim (Schriften)?**

- **a** Tenach
- **b** Tefillin
- **c** Targum
- **d** Tallit

60 **An welchem jüdischen Fest geschah das Pfingstereignis?**

- **a** Pascha
- **b** Schawuot
- **c** Purim
- **d** Chanukka

61 **Welche Zahl muss man zur christlichen Zeitrechnung dazu addieren, um auf die Jahreszahl des jüdischen Kalenders zu kommen?**

- **a** 963
- **b** 2004
- **c** 2895
- **d** 3760

62 **Worüber freut man sich am Fest Simchat Tora?**

- **a** Auszug aus Ägypten
- **b** Gabe des Gesetzes
- **c** Einweihung des Tempels
- **d** Wiederkunft des Messias

63 **Wie heißen die Schläfenlocken der orthodoxen Juden?**

- **a** Lulow
- **b** Kusch
- **c** Almemor
- **d** Peies

64 **Was ist ein »Trendel«?**

- **a** eine Kopfbedeckung
- **b** ein Gebetbuch
- **c** ein Kreisel für ein Glücksspiel
- **d** ein Geschenk aus Süßigkeiten

65 **Was sind »Aschkenasim«?**

- **a** ungesäuerte Brote
- **b** Juden aus Deutschland und Osteuropa
- **c** Ungläubige
- **d** Pantoffel zum Betreten der Synagoge

66 **Wie viele Hauptarbeiten am Sabbat sind nach der Mischna verboten?**

a 9
b 17
c 39
d 66

67 **Wodurch wurde Regina Jonas 1935 in den jüdischen Gemeinden bekannt?**

a erste jüdische Ärztin
b erste Rabbinerin Deutschlands
c erste Leiterin eines Synagogenchores
d Begründerin einer Untergrundbewegung

68 **Mit welchem arabischen Staat schloss Israel 1994 Frieden?**

a Ägypten
b Syrien
c Jordanien
d Türkei

69 **Was war das Ziel des Zionismus im 19. Jahrhundert?**

a Förderung von Hebräischunterricht
b Schaffung einer jüdischen Heimat in Palästina
c Integration der Juden in Europa
d Wallfahrten nach Jerusalem

70 **Wie nennt man Feste, die nicht auf ein biblisches Gebot, sondern auf historische Ereignisse zurückgehen?**

a Geschichtsgedenktage
b Erzähltage
c Lesetage
d Halbfeiertage

1 **In welche Himmelsrichtung ist der Altar in christlichen Kirchen ausgerichtet?**

- **a** Osten
- **b** Westen
- **c** Norden
- **d** Süden

2 **Welche Fensterform herrscht bei romanischen Kirchenbauten vor?**

- **a** Rundbogenfenster
- **b** Spitzbogenfenster
- **c** rechteckige Fenster
- **d** kreisrunde Fenster

3 **Warum heißt die berühmte Maria-Darstellung von Raffael in Dresden »Sixtinische Madonna«?**

- **a** weil es das sechste große Marien-Gemälde des Malers war
- **b** weil auf dem Bild unter anderem Papst Sixtus dargestellt wird
- **c** weil es für die Sixtinische Kapelle gedacht war
- **d** weil es von dem Kutschenverleiher Sixt bestellt wurde

4 **Was ist die eigentliche Funktion des schiefen Turms zu Pisa?**

- **a** Aussichtsturm
- **b** Glockenturm
- **c** Rathausturm
- **d** Wachturm

5 **Wie heißt ein Bild aus vielen kleinen farbigen Steinen?**

- **a** Puzzle
- **b** Mosaik
- **c** Fresko
- **d** Relief

6 **Wer malte die Wand- und Deckengemälde in der Sixtinischen Kapelle?**

- **a** Leonardo da Vinci
- **b** Michelangelo
- **c** Raffael
- **d** Rubens

7 **Wie heißt die Darstellung von Maria mit dem vom Kreuz abgenommenen Jesus?**

- **a** Piéta
- **b** Kruzifix
- **c** Gloria
- **d** Ecce homo

8 **Wie heißt der Baustil, der zwischen 1830 und ca. 1900 Formen vorangegangener Epochen (Romanik, Gotik, Renaissance…) wieder aufnahm?**

- **a** Historismus
- **b** Bauhaus
- **c** Rokoko
- **d** Dekonstruktivismus

9 **Welche Säulenart gibt es in der Baukunst, die auch oft in Kirchen zu finden sind?**

- **a** Korinthische Säulen
- **b** Athenische Säulen
- **c** Kretische Säulen
- **d** Myxolydische Säulen

10 **Wie nennt man die Darstellung des Kreuzes mit dem Körper von Jesus Christus?**

- **a** Kruzifix
- **b** Narthex
- **c** Kreuzweg
- **d** Votivbild

11 **Wo befinden sich die ersten Christusdarstellungen?**

a im Abendmahlssaal in Jerusalem
b in den Katakomben von Rom
c in einer Synagoge in Damaskus
d in den Höhlen am Toten Meer

12 **Wie heißt ein in den frischen Putz gemaltes farbiges Bild?**

a Fresko
b Mosaik
c Lithographie
d Aquarell

13 **Welches antike Bauwerk diente als Vorbild für die klassizistischen Kirchen?**

a Amphitheater
b Tempel
c Äquadukt
d Terme

14 **Wie nennt man den oberen Teil von Säulen und Pfeilern, der oft mit Ornamenten, Figuren oder Pflanzenformen geschmückt ist?**

a Lettner
b Kapitell
c Empore
d Apsis

15 **Wo steht der Isenheimer Altar, den Matthias Grünewald für das Antoniterkloster in Isenheim schuf?**

a London
b Paris
c Colmar
d Krakau

16 **Wie heißen die Bilder, vor allem in Bayern und Österreich, die zum Dank für Heilungen und zum Gedenken an Unglücke angebracht sind?**

- **a** Votivtafeln
- **b** Feldkreuze
- **c** Sgraffito
- **d** Kreuzweg

17 **Wie heißt der Architekt der Frauenkirche in Dresden?**

- **a** George Bähr
- **b** Gottfried Semper
- **c** Karl Friedrich Schinkel
- **d** Matthäus Daniel Pöppelmann

18 **Wo steht der höchste Kirchturm der Welt?**

- **a** Ulm
- **b** Wien
- **c** Tallin
- **d** Rom

19 **Warum heißt die erste Gutenbergbibel auch B42?**

- **a** Sie wurde 1442 gedruckt.
- **b** Sie hat 42 Zeilen.
- **c** Sie wurde von 42 Gesellen gedruckt.
- **d** Gutenbergs Werkstatt befand sich in der Hausnummer 42.

20 **Welcher Künstler schuf 1520 das bekannte Bildnis »Martin Luther als Mönch«?**

- **a** Lukas Cranach d. Ä.
- **b** Albrecht Dürer
- **c** Peter Paul Rubens
- **d** Rembrandt Harmensz van Rijn

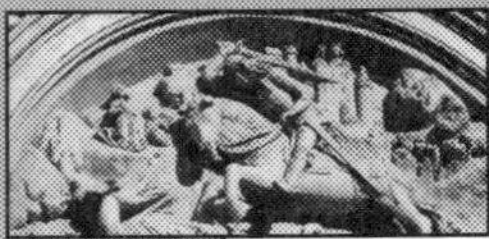

21 **Welches Tier nährt auf Darstellungen mit seinem Blut seine Jungen und gilt deshalb als Symbol für Christus, der sein Blut für die Menschen hingibt?**

- **a** Pelikan
- **b** Taube
- **c** Lamm
- **d** Schlange

22 **Wann begann der Bau der Lateranbasilika?**

- **a** 111
- **b** 212
- **c** 313
- **d** 414

23 **Eine finnische Kirche gelangte ins Guiness-Buch der Rekorde. Aus welchem Material ist sie?**

- **a** Stroh
- **b** Holz
- **c** Stein
- **d** Glas

24 **An welchem römischen Bauwerk orientierten sich die Baumeister der ersten christlichen Kirchenbauten?**

- **a** Tempel
- **b** Basilika
- **c** Terme
- **d** Theater

25 **Wo findet man die ersten bildlichen Darstellungen des Christentums?**

- **a** in den Katakomben in Rom
- **b** in den alten Bibeln
- **c** im Abendmahlssaal von Jerusalem
- **d** in einem Privathaus in Ephesus

26 **Wie wird die Spätphase des Barock genannt, in deren Stil z. B. die Wallfahrtskirche Wies erbaut wurde?**

- **a** Renaissance
- **b** Neobarock
- **c** Jugendstil
- **d** Rokoko

27 **Wie heißt der gewölbte, halbrunde Vorbau am Altarraum romanischer Kirchen?**

- **a** Askese
- **b** Aspik
- **c** Apsis
- **d** Ambo

28 **Wie nennt man das Gewölbe unter dem Altarraum von romanischen und frühgotischen Kirchen?**

- **a** Krypta
- **b** Atrium
- **c** Presbyterium
- **d** Sanktuarium

29 **Wie nennt man die in Kirchen meist an den Seitenwänden angebrachten Erinnerungstafeln an Verstorbene?**

- **a** Kandelaber
- **b** Epitaph
- **c** Reliquie
- **d** Krypta

30 **Wie nennt man die kunstvoll bestickten liturgischen Gewänder und Textilien?**

- **a** Sakramente
- **b** Tabernakel
- **c** Paramente
- **d** Ziborium

31 **Wo befindet sich das berühmte Gemälde »Abendmahl« von Leonardo da Vinci?**
- **a** Florenz
- **b** Rom
- **c** Mailand
- **d** Venedig

32 **Seit wann läuten Glocken zu Gebet und Gottesdienst?**
- **a** schon zu Jesu Zeiten
- **b** um das Jahr 100
- **c** um das Jahr 400
- **d** um das Jahr 1000

33 **Welche Neuerung brachten die neuen Orden, Zisterzienser, Franziskaner und Dominikaner, ab dem 12. Jh. in die Architektur ein?**
- **a** Schlichtheit
- **b** bunte Glasfenster
- **c** Kreuzform des Grundrisses
- **d** Glockenturm

34 **In welcher Technik erfolgte die Ausgestaltung der Sixtinischen Kapelle durch Michelangelo?**
- **a** Mosaik
- **b** Ölmalerei
- **c** Sgrafitto
- **d** Fresko

35 **Wie heißt die von der Kirche aus sichtbare Seite der Orgel?**
- **a** Prospekt
- **b** Registratur
- **c** Manual
- **d** Pedal

36 **Für welche Mainzer Kirche schuf Marc Chagall farbige Glasfenster?**

a St. Stephan
b Dom
c St. Quintin
d Hospitalkirche

37 **Mit welchem Material werden farbige Glasfenster in Kirchen eingefasst?**

a Holz
b Blei
c Eisen
d Kitt

38 **Wie wird die Darstellung genannt, bei der der Erzengel Gabriel Maria die Geburt Jesu verkündet?**

a Der Englische Gruß
b Jesu Heimsuchung
c Mariä Empfängnis
d Der Friedensgruß

39 **In welcher Epoche kommt der Flügelaltar auf?**

a Romanik
b Gotik
c Renaissance
d Barock

40 **Woraus bestehen die Temperafarben, womit bis zum Beginn der Renaissance Tafelbilder, z. B. für Altäre, gemalt wurden?**

a Eiweiß, Pigmente, Harz
b Öl, Pigmente
c Wasser, Pigmente
d Knochenleim, Pigmente, Wasser

41 **Mit welcher Farbe sind Grisaillefenster gestaltet?**

a grün
b blau
c grau
d rot

42 **Was entwarf Bernini für den Petersdom in Rom?**

a Kuppel
b Kolonnaden
c Hochaltar
d Langhaus

43 **Wer leitete ab 1356 den Dombau in Prag und gründete eine berühmte Dombauhütte?**

a Meister Erwin
b Michael Pacher
c Veit Stoß
d Peter Parler

44 **Was hat Giotto di Bondone im Inneren der Kirche S. Francesco in Assisi gestaltet?**

a Fresken
b Mosaikfußboden
c Säulen
d Deckengemälde

45 **Wie heißt das Feld über dem Portal romanischer oder gotischer Kirchen?**

a Apsis
b Tympanon
c Sanktuarium
d Krypta

46 **Ab welcher Architektur-Epoche werden in Kirchen bunte Glasfenster in großem Stil eingesetzt?**
- **a** Renaissance
- **b** Romanik
- **c** Gotik
- **d** Barock

47 **Was ist der »Totentanz«?**
- **a** ein Bild von Rembrandt
- **b** Bilderzyklus an den Mauern mittelalterlicher Friedhöfe
- **c** eine Skulptur in der Krypta des Magdeburger Doms
- **d** frühchristliche Fresken in den Katakomben in Rom

48 **Wie nennt man den Heiligenschein auf Abbildungen in der Kunst?**
- **a** Limbus
- **b** Gloria
- **c** Golgota
- **d** Nimbus

49 **Als was wurde Christus in den Anfangszeiten des Christentums bildlich dargestellt?**
- **a** Guter Hirt
- **b** Jesus am Kreuz
- **c** Jesus bei der Hochzeit in Kana
- **d** Jesus Christus als Weltenherrscher

50 **Wie nennt man eine Kreuz-Darstellung mit rechtwinkligen, gleichlangen Balken?**
- **a** Andreaskreuz
- **b** Griechisches Kreuz
- **c** Russisches Kreuz
- **d** Petruskreuz

51 **Wo finden sich die ältesten bekannten Abendmahlsdarstellungen?**

- **a** San Apollinare in Classe (Ravenna)
- **b** Kathedrale von Arles
- **c** Freiburger Münster
- **d** St. Peter (Salzburg)

52 **Welche Kirche ist seit 1989 die größte Kathedrale der Welt?**

- **a** die neue Wallfahrtskirche von Guadelupe
- **b** die Basilika Notre Dame de la Paix in Yamoussoukro
- **c** die Marienkathedrale von Tokio
- **d** die unterirdische Basilika in Lourdes

53 **Wann wurde der gotische Kölner Dom vollendet?**

- **a** 1387
- **b** 1456
- **c** 1795
- **d** 1880

54 **Wie heißt die Darstellung, bei der Maria ein oder sieben Schwerter in der Brust trägt?**

- **a** Mater misericordiae
- **b** Maria Königin
- **c** Maria Verkündigung
- **d** Mater dolorosa

55 **Das südliche und nördliche Portal der Querschiffe im gotischen Dom von Chartres steht unter einem gemeinsamen Thema. Welches?**

- **a** Altes und Neues Testament
- **b** Erde und Weltall
- **c** Vier Jahreszeiten
- **d** Einheit der Christen

56 **Wer entwarf die berühmte moderne Wallfahrtskirche Notre-Dame-du-Haut in Rochamp?**

a Le Corbusier
b Mies van der Rohe
c Sir Norman Foster
d Hector Guimard

57 **Für wen oder was wurde das größte freistehende Kreuz der Welt errichtet, das bei Madrid in Spanien steht?**

a für den König von Spanien
b für die Einheit der Christen
c für Christoph Kolumbus
d für die Gefallenen des Bürgerkriegs

58 **Wer gilt als Patron der der Ikonenmaler?**

a Markus, Evangelist
b Hieronymus
c Benedikt von Nursia
d Johannes von Damaskus

59 **Was versteht man unter einem Gnadenstuhl?**

a ein reich verzierte Stuhl für den Bischof
b eine Trinitätsdarstellung
c ein anderer Begriff für den Beichstuhl
d eine Mariendarstellung

60 **Welches der genannten Klöster steht auf der Liste des Kultur- und Naturerbes der Welt?**

a Kloster Maulbronn
b Kloster Kaufbeuren
c Kloster Ottobeuren
d Kloster Wechselburg

61 **Wie heißt die in einigen Gegenden übliche Darstellung von Adam und Eva, dem Lebensbaum und der Schlange mit einem Zaun darum unter dem Weihnachtsbaum?**

- **a** Paradiesgärtlein
- **b** Edenwinkel
- **c** Himmelpförtchen
- **d** Elysiumshöfchen

62 **Wem wird die Statue St. Peter im Petersdom zugeschrieben?**

- **a** Michelangelo
- **b** Giotto
- **c** Arnolfo di Cambio
- **d** Francesco Laurana

63 **Wo befindet sich die älteste bekannte Kreuzigungsdarstellung?**

- **a** Santa Maria Maggiore
- **b** San Paolo fuori le mura
- **c** Santa Sabina
- **d** Santa Pudenziana

64 **Wo befindet sich die größte Glocke der Welt?**

- **a** Moskau
- **b** Erfurt
- **c** London
- **d** Rom

65 **Wie heißt die Säulenvorhalle in der frühchristlichen Basilika?**

- **a** Apsis
- **b** Atrium
- **c** Narthex
- **d** Narden

66 **Welcher Kirchenbau gilt als einer der ersten der Epoche der Gotik?**

- **a** Kölner Dom
- **b** Kathedrale Saint-Denis bei Paris
- **c** Straßburger Münster
- **d** Mailänder Dom

67 **Wie heißt das Kirchenbauprogramm, welches auf dem Eisenacher evangelischen Kirchentag 1861 die Vereinheitlichung der sehr unterschiedlichen Vorstellungen anstrebte?**

- **a** Eisenacher Regulativ
- **b** Deutsches Einheitsprogramm
- **c** Eisenacher Programm
- **d** Evangelische Einheitskirche

68 **Wie nennt man die über den Seitenwänden, hoch sitzende Reihe von Rundbogenfenstern in romanischen Kirchen?**

- **a** Arkaden
- **b** Lichtgaden
- **c** Emporen
- **d** Thympanon

69 **Ein gotisches Fenster im Paderborner Dom wird oft als Trinitätsdarstellung interpretiert. Was ist dort zu sehen?**

- **a** drei Katzen
- **b** drei Hasen
- **c** drei Igel
- **d** drei Schlangen

70 **Wo befindet sich das Bild »Der Zinsgroschen« von Tizian?**

- **a** Dresden
- **b** Venedig
- **c** München
- **d** Paris

1 **Seit wann wird in christlichen Gemeinden gesungen?**

- **a** von Anfang an
- **b** seit Konstantin
- **c** seit Martin Luther
- **d** seit 1806

2 **Wie heißt der einstimmige, lateinische, liturgische Gesang der katholischen Kirche?**

- **a** Franziskanische Chromatik
- **b** Gregorianischer Choral
- **c** Benedektinische Diminution
- **d** Ambrosianische Sequenz

3 **Wie nennt man eine geistliche Vokalmusik auf Psalmen und Bibeltexte?**

- **a** Moritat
- **b** Mutation
- **c** Musette
- **d** Motette

4 **Wie lautet die französische Bezeichnung für einen Kehrreim?**

- **a** Revival
- **b** Redowa
- **c** Refrain
- **d** Réimpression

5 **Wie heißt das erste katholische Einheitsgesangbuch der deutschen Bistümer?**

- **a** Magnifikat
- **b** Jubilate
- **c** Gotteslob
- **d** Lobet den Herren

6 **Wer ist der Textautor des bekannten Weihnachtsliedes »Stille Nacht« (GL 145/EG 46)?**

a Josef Mohr
b Franz Gruber
c Leopold Mozart
d Friedrich Schiller

7 **Wo befindet sich die ökumenische Kommunität, die mit ihren Liedern ab 1970 wichtige Impulse für die Spiritualität der Kirchen gesetzt hat?**

a La Salette
b Avignon
c Taizé
d Cluny

8 **Wann erschien die Stammausgabe des aktuell in den Landeskirchen verwendeten Evangelischen Gesangbuches?**

a 1854
b 1915
c 1950
d 1993

9 **Was trägt das Schiff im Kirchenlied »Es kommt ein Schiff geladen« (GL 114/EG 8) ?**

a Bücher
b Gottes Sohn
c Zeitungen
d Getreide

10 **Welche weltweit bekannte Fundstelle von Skelettresten eines Urmenschen ist nach einem berühmten Kirchenlieddichter benannt?**

a Neandertal
b Lutherfelsen
c Gerhardtsklamm
d Lobwasserfall

11 **Wer wird häufig mit einer Harfe dargestellt?**

a David
b Adam
c Daniel
d Salomo

12 **Wo wurde im Oktober 1971 das Musical Jesus Christ Superstar erstmals aufgeführt?**

a London
b New York
c Münster
d Hamburg

13 **Wie nennt man die wissenschaftliche Beschäftigung mit Kirchenliedern und Gesangbüchern?**

a Choralogie
b Hymnologie
c Cantologie
d Liedologie

14 **In welchem Lied thematisiert Martin Luther sein Verständnis von der Rechtfertigungslehre?**

a Aus tiefer Not schrei ich zu dir
b Ein feste Burg ist unser Gott
c O Haupt voll Blut und Wunden
d Es ist das Heil uns kommen her

15 **Seit wann finden Orgeln in Kirchen Verwendung?**

a 4. Jahrhundert
b 9. Jahrhundert
c 1517
d 1648

16 **Wo findet sich der älteste Knabenchor, der bis heute besteht?**

- **a** Mainz
- **b** Regensburg
- **c** Leipzig
- **d** Wien

17 **Welche Stelle trat Johann Sebastian Bach 1723 an?**

- **a** Hoforganist in Weimar
- **b** Hofkapellmeister in Köthen
- **c** Thomaskantor in Leipzig
- **d** Organist in Arnstadt

18 **Was versteht man unter einem Canticum?**

- **a** einen Domchor
- **b** einen Gregorianischen Choral
- **c** einen Ambrosianischen Hymnus
- **d** biblische Lieder

19 **Für wen schrieb Martin Luther wahrscheinlich das Lied »Vom Himmel hoch, da komm ich her«?**

- **a** für Papst Leo X.
- **b** für Katharina von Bora
- **c** für Melanchthon
- **d** für seine Kinder

20 **Wer wurde mit dem Song »Morning has broken«, das auch im EG zu finden ist, berühmt?**

- **a** Bob Dylan
- **b** Cat Stevens
- **c** Paul McCartney
- **d** George Harrison

21 **Wie nennt man die geistlichen Lieder der Afroamerikaner, in denen Israels Knechtschaft in Ägypten zum Ausdruck der eigenen Versklavung wird?**

- **a** Free Jazz
- **b** Swing
- **c** Negro Spiritual
- **d** Blues

22 **Wo lebte und wirkte Huub Oosterhuis, der bekannte Dichter von Kirchenliedern und liturgischen Texten?**

- **a** Amsterdam
- **b** Den Haag
- **c** Brüssel
- **d** Antwerpen

23 **Wer schrieb das Gedicht »Von guten Mächten treu und still umgeben« (EG 65), zu dem später mehrere Melodien komponiert wurden?**

- **a** Otto Abel
- **b** Jacques Berthier
- **c** Dietrich Bonhoeffer
- **d** Jochen Klepper

24 **Wofür steht ein »ö« bei Liedern in evangelischen und katholischen Gesangbüchern?**

- **a** österreichisches Lied
- **b** nur örtlich bekannt
- **c** sollte öfter gesungen werden
- **d** ökumenisch verwendbar

25 **Wo entstanden vermutlich die Carmina Burana, die im Kloster Benediktbeuern entdeckt und durch Carl Orff neu kompononiert wurden?**

- **a** Montecassino
- **b** Klosterneuburg
- **c** Stift Seckau
- **d** Sankt Gallen

26 **Was bedeutet die musikalische Vortragsangabe »crescendo«?**

- **a** leiser werdend
- **b** langsamer werdend
- **c** schneller werdend
- **d** lauter werdend

27 **Seit wann wird das volkstümliche Preislied »Großer Gott, wir loben dich« (GL 257/EG 331) in den Gemeinden gesungen?**

- **a** 12. Jahrhundert
- **b** 16. Jahrhundert
- **c** 18. Jahrhundert
- **d** 20. Jahrhundert

28 **In welchem überkonfessionell verbreiteten Lied wird Jesus als Perle bezeichnet?**

- **a** Wachet auf, ruft uns die Stimme
- **b** Wie schön leuchtet der Morgenstern
- **c** Großer Gott, wir loben dich
- **d** Stille Nacht, heilige Nacht

29 **Wie heißt das älteste deutschsprachige Osterlied, das bis heute in den Gemeinden gesungen wird?**

- **a** Erschienen ist der herrlich Tag
- **b** Wir wollen alle fröhlich sein
- **c** Vom Tode heut erstanden ist
- **d** Christ ist erstanden

30 **Was versteht man musikalisch unter einem Oratorium?**

- **a** umfangreichere Komposition
- **b** ein Streichorchester
- **c** einen Choral
- **d** eine Generalpause

31 **Wann werden die O-Antiphonen gesungen?**
- a Advent
- b Fastenzeit
- c Pfingsten
- d Erntedankfest

32 **Was ist ein Responsorium?**
- a Tischgesang der Benediktiner
- b Antwortgesang
- c ein Ambrosianischer Hymnus
- d ein Gregorianischer Choral

33 **Welches weihnachtliche Rätsellied begegnet im katholischen Gesangbuch Gotteslob mit zwei Fassungen?**
- a Gelobet seist du, Jesu Christ
- b Es ist ein Ros entsprungen
- c Lobt Gott ihr Christen alle gleich
- d Es kam ein Engel hell und klar

34 **Welchen Ordensnamen bekommt in Sister Act die Nachtclubsängerin Delores (Whoopi Goldberg), nachdem sie von der Polizei in einem kontemplativen Orden versteckt wird?**
- a Mary Lazarus
- b Mary Clarence
- c Mary Patrick
- d Josephine

35 **Wer schrieb das international bekannte Kirchenlied »Lobe den Herren, den mächtigen König« (GL 258/EG 316)?**
- a Joachim Neander
- b Ludwig Nikolaus von Zinzendorf
- c Paul Gerhardt
- d Martin Luther

36 **Was sind Exequien?**
- **a** apokalyptische Lieder
- **b** Streichkonzert
- **c** Begräbnisfeiern
- **d** Psalmauslegungen

37 **Welcher der folgenden Komponisten wurde 1703 zum Priester geweiht?**
- **a** Georg Friedrich Händel
- **b** Johann Sebastian Bach
- **c** Antonio Vivaldi
- **d** Giuseppe Verdi

38 **Was veröffentlichte Kaspar Ulenberg 1582?**
- **a** ein Gesangbuch
- **b** einen Liedpsalter
- **c** eine Motettensammlung
- **d** eine Enzyklopädie

39 **Wo steht die größte Domorgel der Welt?**
- **a** Passau
- **b** Wien
- **c** Innsbruck
- **d** Atlantic City

40 **Wer baute die ursprüngliche Orgel für die Frauenkirche in Dresden?**
- **a** Sauer
- **b** Silbermann
- **c** Stradivari
- **d** Sax

41 **Die Stammausgabe des EG endet mit welcher Liednummer?**

- **a** 499
- **b** 535
- **c** 653
- **d** 797

42 **Wie viele Orgelbaufirmen gibt es in Deutschland?**

- **a** 1
- **b** 10
- **c** 60
- **d** 170

43 **Was ist ein Akrostichon?**

- **a** eine Kirchentonart
- **b** ein griechisches Kloster
- **c** ein Wortspiel
- **d** ein Choral

44 **Wem widmete Philipp Nicolai das Lied »Wie schön leuchtet der Morgenstern« (GL 554/EG 70)?**

- **a** seiner Frau
- **b** dem Grafen zu Waldeck
- **c** Martin Luther
- **d** Maria

45 **Aus welchem Anlass schieb Luther sein erstes Lied?**

- **a** Verbrennung zweier Ordensbrüder
- **b** seine Hochzeit mit Katharina
- **c** sein Ordenseintritt
- **d** Reichstag zu Worms

46 **Wann lebte Paul Gerhardt?**

- **a** 1483 – 1550
- **b** 1561 – 1635
- **c** 1607 – 1676
- **d** 1823 – 1899

47 **Für welchen Festtag enthält das Weihnachtsoratorium von Johann Sebastian Bach keine Kantate?**

- **a** 1. Weihnachtsfeiertag
- **b** Sonntag nach Weihnachten
- **c** Neujahr
- **d** Sonntag nach Neujahr

48 **Welchem Orden gehörte Friedrich Spee an, der Autor des Adventsliedes »O Heiland, reiß die Himmel auf« (GL 105/EG 7)?**

- **a** Jesuiten
- **b** Franziskaner
- **c** Benediktiner
- **d** Augustiner

49 **Welches Kirchenlied kann auf »Innsbruck, ich muss dich lassen« gesungen werden?**

- **a** O Seligkeit, getauft zu sein
- **b** O Heiland, reiß die Himmel auf
- **c** O Welt, ich muss dich lassen
- **d** O du hochheilig Kreuze

50 **Wer ist die Heilige der Kirchenmusik?**

- **a** Cäcilia
- **b** Lucia
- **c** Teresa
- **d** Hedwig

51 **Was versteht man in der Kirchenmusik unter mixolydisch?**

a einen Hymnus
b eine Tonart
c einen Chor
d einen Notenschlüssel

52 **Was war im Gottesdienst der ersten Christen verboten?**

a Gesang
b Gebet
c Instrumente
d Lesen

53 **Welchen Chor musste Johann Sebastian Bach als Kantor in Leipzig leiten?**

a Thomaner
b Domspatzen
c Sängerknaben
d Kreuzchor

54 **Welches Kirchenlied soll bei einem Ausflug in den Thüringer Wald entstanden sein?**

a Stille Nacht, heilige Nacht
b Ein feste Burg ist unser Gott
c Wer weiß, wie nahe mir mein Ende
d Wem Gott will rechte Gunst erweisen

55 **Welches 1545 erschienene evangelische Gesangbuch der Reformationszeit wurde zum Vorbild für viele katholische Gesangbücher?**

a Vehe
b Leisentrit
c Ulenberg
d Babst

56 **Was sind Neumen?**

- **a** Ordensbrüder
- **b** Noten
- **c** Sänger
- **d** Gesangbücher

57 **Von wem stammt das Fronleichnamslied »Gottheit tief verborgen« (GL 546)?**

- **a** Bonaventura
- **b** Thomas von Kempen
- **c** Thomas von Aquin
- **d** Hermannus Contractus

58 **Wann entstand das Lied »Das Weizenkorn muss sterben« (GL 620)?**

- **a** 1483
- **b** 1791
- **c** 1948
- **d** 1971

59 **Welchem Formprinzip folgt der Aufbau der älteren Kirchenlieder zumeist?**

- **a** Clubform
- **b** Pubform
- **c** Barform
- **d** Cantform

60 **»Let us talents and tongues employ« ist die englische Vorlage zu welchem Lied?**

- **a** Du bist heilig
- **b** Kommt mit Gaben und Lobgesang
- **c** Im Lande der Knechtschaft
- **d** Nun danket alle Gott

61 **Zu welchem Anlass wurde der Pfingsthymnus »Veni creator Spiritus« geschrieben?**

- **a** Synode
- **b** Papstwahl
- **c** Kriegsbeginn
- **d** Friedensschluß

62 **Welches Lied wurde in den siebziger Jahren zum Programmlied der ökumenischen Bewegung?**

- **a** Nun singt ein neues Lied
- **b** O Herr, nimm unsre Schuld
- **c** Sonne der Gerechtigkeit
- **d** Mir nach, spricht Christus

63 **Welches Lied ist in einer Schulordnung überliefert worden?**

- **a** Gott sei gelobet
- **b** Großer Gott, wir loben dich
- **c** Lobt Gott, ihr Christen
- **d** Wie schön leuchtet der Morgenstern

64 **Was enthält das Graduale Romanum?**

- **a** Stundengebet
- **b** Evangeliumtexte
- **c** Messgesänge
- **d** Lesungstexte

65 **Welches Lied stimmten die Bevölkerung von Münster nach Abschluss des Westfälischen Friedens 1648 an?**

- **a** Nun lob mein Seel den Herren
- **b** Großer Gott wir loben dich
- **c** Lobt Gott, ihr Christen
- **d** Wie schön leuchtet der Morgenstern

66 **Welches Kirchenlied entstand zur Erinnerung an die Confessio Augustana von 1530?**

- **a** Großer Gott, wir loben dich
- **b** Nun danket alle Gott
- **c** Aus tiefer Not schrei ich zu dir
- **d** Verleih uns Frieden gnädiglich

67 **Wodurch wurde Johann Anastasius Freylinghausen bekannt?**

- **a** Violinspieler
- **b** Orgelbauer
- **c** Gesangbuchherausgeber
- **d** Minnesänger

68 **Wie viele Strophen hatte ursprünglich das Psalmlied »Wohl denen, die da wandeln« (GL 614/EG 295)?**

- **a** 15
- **b** 49
- **c** 88
- **d** 150

69 **Zu welchem ökumenisch bekannten Passionslied ist der Hymnus »Salve Caput cruentatum« die Quelle?**

- **a** Wir danken dir, Herr Jesu Christ
- **b** O Haupt voll Blut und Wunden
- **c** Herzliebster Jesu
- **d** O du hochheilig Kreuze

70 **Was ist die Praxis Pietatis Melica?**

- **a** ein Gesangbuch
- **b** eine Orgel
- **c** ein Choral
- **d** eine Enzyklopädie

1 b **Ankunft** von lat. adventus. Seit dem 4. Jh. lässt sich eine Vorbereitungszeit auf das Weihnachtsfest nachweisen, die mit vielfältigen Bräuchen verbunden ist, z. B. Adventskranz, -kalender usw. Teilweise war die Zeit auch als Fastenzeit vorgeschrieben, die ähnlich wie die Fastenzeit vor Ostern 40 Tage dauerte und deshalb am 12.11. begann. Daher auch der 11.11. als Faschingsbeginn.

2 b **Rosenmontag** Bekam seinen Namen durch den für 1823 geplanten Umzug, der am Rosensonntag in Köln beschlossen wurde.

3 d **Palmsonntag** Jesus zieht in Jerusalem ein und wird von vielen Menschen mit Palmenzweigen und Hosiannarufen begrüßt, was als Zeichen für den Messias gilt (Mt 21, 1-11; Lk 19, 25-40).

4 c **Abendmahl** Jesus feiert mit seinen Jüngern das Pascha-Mahl und gibt sich selbst in Brot und Wein hin, um in diesen Zeichen immer bei den Menschen gegenwärtig zu sein (Mt 26, 20-29; Mk 14,17-25; Lk 22,14-23; Joh 13,2-30).

5 a **Lamm** Jesus Christus wird bei seiner Taufe durch Johannes von diesem als das »Lamm Gottes« bezeichnet. Das Opferlamm versöhnt traditionell die Menschen mit Gott und ist auch ein apokalyptisches Motiv (Offb 5,9).

6 c **Vatertag** Wahrscheinlich durch die traditionellen Herrenausritte zum Himmelfahrtstag in traditionell katholischen Gegenden entwickelte sich der Brauch der Herrenpartie. Nach der Einführung des Muttertags zu Beginn des 20. Jh. mutierte der Tag zum »Vatertag«.

7 b **Taube**. Sie ist vor allem in der christlichen Kunst ein Symbol für den Heiligen Geist, der am Pfingsttag auf die Apostel herabgekommen ist.

8 b **Feuermachen** Der 24. Juni ist der Gedenktag von Johannes dem Täufer. Das heidnische Sonnenwendfeuer wurde christlich mit Sonnen- und Feuersymbolik überformt. Er (Jesus, das Licht der Welt) muss wachsen, ich (Johannes) aber muss kleiner werden (Joh 3, 30).

9 a **Er teilte seinen Mantel mit einem Bettler.** Martin, ein römischer Soldat, lebte im 4. Jh. Später konnte er seinen Beruf nicht mehr mit seinem Glauben vereinbaren und trat aus der Armee aus. Nachdem er als Einsiedler gelebt hatte, wurde er zum Bischof von Tours ernannt. Das

Mantelteilen ist der Inbegriff christlicher Nächstenliebe.

10 **b Gans** Nach der Legende versteckte sich Martin im Gänsestall, um nicht Bischof werden zu müssen, nachdem der Klerus und das Volk ihn gewählt hatte. Die Gänse aber verrieten ihn durch ihr Schnattern. Ursprünglich war die Gans kein dummes, sondern ein starkes Tier, z. B. als Symboltier von Wotan, dem Germanengott.

11 **b Barbarazweige** Am 4. Dezember ist der Gedenktag der heiligen Barbara, einer Märtyrerin aus Nikomedien (um 306). Sie wurde nach der Legende von ihrem Vater in einen Turm gesperrt und später von ihm enthauptet, weil sie Christin war. Der Brauch geht darauf zurück, dass Barbara einen Kirschzweig mit ihren Tränen zum Erblühen brachte.

12 **a Epiphanias** »Erscheinung des Herrn«. Jesus kommt nicht nur zu den Juden, sondern auch zu den »heidnischen« Sterndeutern aus dem Osten. Damit »erscheint« Jesus gleichsam der ganzen Welt (Mt 2,1-12).

13 **a Patron der Liebenden** Der heilige Bischof Valentin lebte im 3. Jahrhundert und soll Paare zum Christentum geführt und getauft haben. Sein Gedenktag am 14. Februar sollte wahrscheinlich den Tag der Göttin Juno, der Göttin der Ehe und der Geburt, verdrängen.

14 **a das Aschekreuz** Als Zeichen der Buße wird ein Kreuz aus gesegneter Asche auf die Stirn der Gläubigen gezeichnet. Damit beginnt die vierzigtägige Fastenzeit, die auf die 40 Tage Jesu in der Wüste zurückgeht.

15 **d 40 Tage** Nach dem Vorbild Jesu, der 40 Tage in der Wüste fastete (Lk 4, 1-13), dauert die Fasten- oder Passionszeit 40 Tage. Die Sonntage sind von der Zählung ausgenommen.

16 **a das neue Leben durch Christi Auferstehung** Eier sind uralte Symbole der Fruchtbarkeit und des neuen Lebens. Sie werden zum Osterfest christlich interpretiert.

17 **c der Emmausgang** Zwei Jünger gehen von Jerusalem nach Emmaus und begegnen dem auferstandenen Jesus, den sie nicht erkennen. Er legt ihnen die Schrift aus und erklärt ihnen, warum Jesus sterben und auferstehen musste. Erst beim Teilen des Brotes erkennen sie den Herrn (Lk 24, 13-35).

18 **c Die Apostel empfingen den Heiligen Geist.** Am Schawuot-

Fest, 50 Tage nach dem Pascha-Fest, versammelten sich die Apostel und wurden vom Heiligen Geist erfüllt. Zum ersten Mal hatten sie die Kraft, zu den Menschen zu predigen. Pfingsten wird auch als Geburtsstunde der Kirche betrachtet (Apg 2).

19 a **Monstranz** von lat. monstrare = zeigen. Die geweihte Hostie wird in der meist reich verzierten, strahlenförmigen Monstranz den Gläubigen gezeigt und der Segen gespendet.

20 a **der hl. Nikolaus** Nach der Legende lebte Nikolaus im 4. Jh. in Myra in Lykien, dem heutigen Demre in der Türkei. Um den Bischof ranken sich viele Geschichten der Wohltätigkeit, so dass er zum Geschenkbringer wurde. Das Füllen der Schuhe geht auf die Legende zurück, dass Nikolaus drei armen, aber frommen Mädchen die Heirat ermöglichte, indem er ihnen drei goldene Kugeln zum Fenster hineinwarf.

21 c **1. Advent** Diese Einteilung leitet sich zunächst von der Ordnung der Liturgiebücher ab, die mit dem 1. Advent beginnen, ist aber auch inhaltlich begründet: Mit der Zeit der Ankunft Jesu beginnt die Zeit der Erlösung.

22 c **in Straßburg um 1605 nachgewiesen** Der Tannenbaum entwickelte sich aus dem Paradiesbaum des Paradiesspiels, dem Vorspiel des Krippenspiels in der frühen Neuzeit. Der Schmuck entstand aus dem Apfel am Baum der Erkenntnis, mit dem die Schlange Eva und Adam verführte.

23 a **Bischof von Rom (Anfang des 4. Jh. n. Chr.)** Er wirkte zur Zeit Kaiser Konstantins, als das Christentum staatlich anerkannt wurde. In seiner Zeit wurden viele Kirchen errichtet, z. B. die erste Peterskirche in Rom.

24 a **Hochfest der Gottesmutter Maria** Die katholische Kirche kennt viele Marienfeste. Am 1. Januar wird Maria als Mutter des Gottessohnes Jesus Christus gefeiert. Der Gedenktag wird allerdings von den Neujahrsfeierlichkeiten überdeckt.

25 b **2. Februar** Nach jüdischem Gebot musste ein Neugeborenes innerhalb einer bestimmten Frist in den Tempel gebracht werden. Erstgeborene wurden Gott geweiht. Später wurden an diesem Tag Kerzen geweiht, daher auch der Name »Mariä Lichtmess«.

26 d **Valentinstag** Ursprünglich war der 14. Februar der Tag der Göttin Juno, der Göttin der Ehe

und der Geburt, und schon die Römer schenkten sich an diesem Tag Blumen. Das Fest wurde verchristlicht, und der heilige Bischof Valentin, der am 14. Februar gestorben war, diente als Namensgeber.

27 b **von der germanischen Göttin »Freya«** Bei den Römern »dies Veneris« – Tag der Venus genannt, nannten die germanischen Völker den Tag nach ihrer Hauptgöttin »Freya«.

28 b **das Kreuz** Die Karfreitagsliturgie gestaltet sich etwas anders als ein »normaler« Gottesdienst: Im Mittelpunkt stehen Passion, Kreuzverehrung und das große Fürbittgebet.

29 c **Ostern und Pfingsten** Zwischen diesen beiden Festen findet meistens die Konfirmation statt. An diesem Fest werden die Jugendlichen mündige Gemeindemitglieder und sind (heute manchmal auch schon früher) zum Abendmahl zugelassen.

30 b **drei goldene Kugeln** Nach der Legende half Nikolaus drei armen Mädchen, ihre Aussteuer zu bekommen, indem er drei goldene Kugeln (Symbol des dreifaltigen Gottes) zum Fenster hineinwarf.

31 c **Frautragen** In den letzten neun Tagen der Adventszeit wird eine Marienplastik oder ein –bild von Wohnung zu Wohnung getragen und auf einem Hausaltar zur Andacht aufgestellt. Es versinnbildlicht die Herbergssuche des Paares Josef und Maria.

32 b **Kurrendesänger** (von lat. currere = laufen) zogen schon im Mittelalter am Heiligabend von Tür zu Tür, sangen und sammelten Gaben für ärmere Kinder. Bekannt sind die Holzfiguren aus dem Erzgebirge, die an diese Tradition erinnern.

33 a **Stephanus** Schon am zweiten Weihnachtsfeiertag denkt die Kirche an ihren ersten Märtyrer, den Diakon Stephanus, der wegen seines Glaubens an Jesus gesteinigt wird (Apg 6,8ff).

34 b **Gründonnerstag** Die Fußwaschung – nach Joh 13, 1-5 – ist eine Handlung von tiefer Symbolik: Jesus nimmt an seinen Aposteln den Sklavendienst vor, um zu zeigen, dass der Höchste der Diener aller sein soll. Deshalb will Petrus es auch nicht zulassen; erst als Jesus dieses Symbol erklärt, will Petrus ganz von Jesus gewaschen werden, d. h., er will ganz zu Jesus gehören.

35 a **Weißer Sonntag** Traditionell wurde an diesem Tag in katholischen Gegenden die Erstkommunion gefeiert. Der Name rührt aber ursprünglich daher, dass die Täuflinge aus der Osternacht zum letzten Mal ihr weißes Kleid trugen.

36 a **Kräuterweihe** Vor allem im süddeutschen Raum, in Österreich, der Schweiz und Südtirol werden geweihte Kräuter im »Herrgottswinkel« oder im Stall aufgehängt bzw. auch verbrannt, um böse Geister und Unheil abzuwehren. Hintergrund ist die Legende, dass die Apostel nach Marias Tod keinen Leichnam, sondern Blumen fanden.

37 a **»hallows evening«** Basierend auf einem alten keltischen Fest der Geistervertreibung und Totengedenken zum Jahresende, bekam der Brauch den Namen des Folgetags – Allerheiligen – , ohne sich in seinem Inhalt wesentlich auf den Tag zu beziehen. Heute ein Karnevals- und Partyvergnügen.

38 a **Tours** Martin, oder richtig Martinus, wurde um 316 geboren und war wie sein Vater Offizier im römischen Heer. Später wird er Christ, quittiert den Dienst in der Armee und wird zum Bischof von Tours gewählt.

39 a **eine jungfräuliche Märyrerin aus Syrakus** Etwa um 286 geboren, starb sie als Märtyrerin etwa 304 unter Kaiser Diokletian, weil sie jungfräulich bleiben wollte. Gedenktag am 13. 12.

40 a **Adam und Eva** Die Geburt Christi wird mit der Paradiesgeschichte in Verbindung gebracht: Jesus als der neue Adam, der ohne Sünde ist; Maria als die neue Eva, die gehorsam gegenüber Gott ist.

41 c **15 Uhr** Jesus starb um die neunte Stunde. Da der Tag zur damaligen Zeit um 6 Uhr begann, fällt die Todesstunde Jesu auf den Nachmittag 15 Uhr.

42 a **Sonntag nach dem ersten Frühlingsvollmond** Der Termin des Osterfestes richtet sich nach dem Paschafest, welches am 14. Nisan (wegen der jüdischen Mond-Monate der erste Frühlingsvollmond) stattfindet.

43 c **1. Mai** Der Tag der Arbeit geht auf einen Beschluss der Zweiten Internationalen zurück und wird erstmals 1890 mit Demonstrationen für soziale Verbesserungen für die Arbeiter begangen. Papst Pius XII. gab dem Tag 1955 eine religiöse Bedeutung und nannte ihn »Josef der Arbeiter«.

44 b **Johannes der Täufer** Als Vorläufer von Jesus wurde sein Gedenktag ein halbes Jahr vor

Weihnachten gelegt, eine Ausnahme im Heiligenkalender, dass der (angenommene) Geburtstermin gewählt wird. Wichtig ist die Lichtsymbolik: Johannes nimmt wie die Sonne ab, um das Licht der Welt (Jesus) leuchten zu lassen.

45 b **Vor der Kalenderreform durch Julius Cäsar begann das Jahr am 1. März.** Dadurch sind die Monate September bis Dezember heute eigentlich falsch benannt.

46 c **Martin Luther** 1535 regte er an, dass nicht mehr der heilige Nikolaus – für Luther ein Relikt der abzulehnenden Heiligenverehrung –, sondern der heilige Christ (später das Christkind) Gaben für die Kinder bringen solle, und zwar am Weihnachtsfest. In den angelsächsischen Ländern wirkt der Nikolaus noch im Santa Claus nach.

47 b **Tag der Beschneidung und Namensgebung des Herrn** Luther wollte das Neue Jahr am Weihnachtsfest beginnen lassen, da ihm das Neujahrsfest zu weltlich war. Deshalb forderte er, über die Beschneidung und den Namen Jesu zu predigen.

48 b **vormittags** Der Karfreitag gilt in den meisten Gemeinden als höchster Feiertag des Kirchenjahres und wird mit einem reich ausgestalteten Gottesdienst meist mit Abendmahl begangen.

49 a **Okuli** Nach dem lateinischen Anfangswort der Introitusantiphon trägt der dritte Sonntag der Passionszeit diesen Namen (»Meine Augen«).

50 b **Kurfürst Georg II. von Sachsen** Am 31. Oktober, dem Vorabend von Allerheiligen, 1517, veröffentlichte Martin Luther seine 95 Thesen gegen den Ablasshandel und leitete so die Reformation ein. Noch im 16. Jahrhundert sind erste Feiern an diesem Tag nachzuweisen. Erst der genannte Kurfürst ordnete 1667 an, den 31. Oktober als »Gedenktag der Reformation« zu begehen.

51 c **Kirchmesse** Die Messe zur Weihe der Kirche und die darauf folgenden Jahrestage, später auch das damit verbundene Fest, verkürzten sich in der Bezeichnung über »Kirmesse« zur »Kirmes«.

52 c **Mittwoch vor dem letzten Sonntag im Kirchenjahr** Schon zeitig entwickelte sich in der evangelischen Kirche die Praxis der öffentlichen Buß- und Bettage, vor allem zu besonderen Anlässen (z. B. Kriegsgefahr) Ab 1893 wurde in den meisten Landeskirchen der Tag im

Kirchenjahr verbindlich eingeführt. Heute nur noch in Sachsen offizieller Feiertag.

53 a **ein Hirsch mit einem Kreuz zwischen dem Geweih** Hubertus (ca. 655-727) war Jäger und wurde nach der Legende durch einen Hirsch bekehrt. Später war er Bischof von Maastricht.

54 b **27. November** Wenn der 24. Dezember, Heiligabend, auf einen Samstag fällt, dann ist das Datum des vierten Adventssonntags der 18.12. und damit der erste Adventssonntag am 27. November.

55 c **24. Dezember** Da der Heilige Abend liturgisch noch nicht als Weihnachtsfest gilt, wird er, wenn er auf einen Sonntag fällt, gleichzeitig als vierter Adventssonntag begangen.

56 d **Julius Cäsar** Er hat 46 v. Chr. den Jahresbeginn bei seiner – Julianischen – Kalenderreform vom 1. März auf den 1. Januar gelegt, da dort häufig Ämterwechsel in Rom stattfanden.

57 d **St. Sebastian** (20. Januar) Nach der Legende ein römischer Offizier im 3. Jh., der wegen seines Glaubens mit Pfeilen beschossen wurde. Daran starb er jedoch nicht, sondern wurde von den Christen Roms gesund gepflegt. Später wurde er jedoch erschlagen.

58 a **Reminiszere** Nach dem Introitus: Reminiscere miserationum tuarum = Denk an deine Güte).

59 d **19. März** ist seit dem 10. Jahrhundert als Gedenktag bekannt. In dieser Zeit wird auch die Rolle Josefs neu bewertet. Vor allem seine Hinwendung zu Maria, das Hören auf die Botschaft der Engel und die Sorge für seinen Ziehsohn Jesus stehen im Mittelpunkt.

60 a **Via dolorosa** lat. Leidensweg. Schon im Mittelalter gingen die Jerusalem-Pilger in der Passionszeit den historischen Leidensweg Jesu nach. Später verbreitete sich dieser Brauch auch in den europäischen Ländern und veränderte sich zum Kreuzweg, der heute meist an den Wänden der katholischen Kirchen angebracht ist. An Wallfahrtsorten auch außerhalb der Kirchen.

61 b **Quasimodogeniti** Die Anfangsworte der Antiphon des Eingangspsalms heißen übersetzt »Wie die neugeborenen Kinder« und verweisen auf die zu Ostern neugetauften Christen.

62 a **Schwarz** Nach der Agende von 1955 ist die Farbe Schwarz vorgeschrieben. An manchen

Orten wird sogar der Altar schwarz verhängt.

63 b **am 11. August 1264** Als besondere Verehrung der Eucharistie, besonders des heiligen Brotes, wurde das Fest auf Anregung der Mystikerin Juliana von Lüttich von Papst Urban IV. offiziell eingeführt.

64 d **Besuch Marias bei Elisabet** Nach Lk 1,39 besuchte die schwangere Maria ihre Base Elisabet, die Mutter Johannes des Täufers. Die Geschichte von Johannes dem Täufer weist Parallelen zu Jesu Geschichte auf.

65 d **Am 8. September** feiert die katholische Kirche das »Fest Mariä Geburt«. Nach der Legende heißen die Eltern Anna und Joachim.

66 b **8. Dezember** Inhalt des Festes ist das Dogma der katholischen Kirche, dass Maria als Mutter Gottes ohne Erbsünde empfangen wurde und unter der besonderen Gnade Gottes steht.

67 c **Bekehrung des Apostels Paulus** Fest, das die Bekehrung des Pharisäers und Christenverfolgers Saulus (lat. Paulus) zum Inhalt hat. Paulus wollte nach Damaskus reiten und dort die christliche Gemeinde bedrohen. Kurz vor der Stadt erschien ihm aber in einer Lichtgestalt Christus. Daraufhin bekehrte er sich und wurde zum Völkerapostel (vgl. Apg 9,1ff.)

68 c **1823** Das Festordnende Comitee in Köln, das am Rosensonntag tagte, beschloss für den Montag vor Fastnacht 1823 einen Umzug. Der Montag bekam den Namen vom Sonntag her.

69 a **Seligpreisungen** Der Reformationstag hat die alten Lesungen des nachfolgenden Allerheiligentages auf sich gezogen. Damit wird deutlich, dass nicht Verdienste und gute Werke die Voraussetzung für Rettung ist, sondern der Glaube.

70 c **am 11. November** Martin Luther wurde am 10. 11. 1483 in Eisleben geboren. Nach katholischem Brauch wurde oft der Name des Tagesheiligen dem Kind verliehen. Da am 11.11. der Namenstag des Martin von Tours begangen wird, bekam er den Namen Martin.

1 d **Bekenntnis** Der Begriff Konfession entstand im Zusammenhang mit der Kirchenspaltung im 16. Jahrhundert. Heute bezeichnet er im allgemeinen die verschiedenen Kirchen, die in Sakramentenverwaltung, Predigt und Organisation getrennt sind.

2 a **die bewohnte Erde** Aus dem griechischen »oikumene«. Heute in der Bedeutung »Gesamtheit der Christen«, übertragen auch: Bemühungen um die Einheit der Christen.

3 a **Abendmahl und Taufe** Luther erkannte nur die Sakramente an, die nach dem Zeugnis der Heiligen Schrift von Jesus eingesetzt worden sind. Der Einsetzungsbericht des Abendmahls ist bei drei Evangelisten überliefert: Mt 26, 20 – 29; Mk 14,17 – 25; Lk 22, 14 – 23. Johannes berichtet nur von der Fußwaschung beim »Abschiedsmahl«. Das älteste Zeugnis vom Abendmahl steht in einem Paulusbrief: 1 Kor 11, 23 – 25. Der Taufbefehl Jesu steht bei Matthäus (28,19). Jesus selbst hat nicht getauft, obgleich er von Johannes getauft wurde.

4 b **Taufe** Mit der Taufe wird das Kind oder der Erwachsene in die Gemeinde aufgenommen, es gehört aber nicht der Gemeinde oder Konfession, sondern Jesus Christus. Daher betrachten die meisten Kirchen Taufen anderer Konfessionen als gültig. Eine erneute Taufe unterbleibt beim Wechsel der Konfession. Die Baptisten erkennen die Säuglingstaufe nicht an. Für sie gehört zur Taufe unverzichtbar das persönliche Bekenntnis. Die »erneute« Taufe eines Säuglings als Erwachsener ist für sie daher keine Wiedertaufe.

5 d **Erntedank** Vielfältige Erntedankfeste gab es schon in germanischer Zeit. Das christliche Erntedankfest nimmt diese Tradition auf. Es wird Gott für die Ernte gedankt und an die Hilfsbedürftigen erinnert.

6 c **auf der Wartburg** Nachdem Kaiser Karl V. die Reichsacht über Luther verhängt hatte, ließ sein sächsischer Landesherr, Kurfürst Heinrich der Weise, ihn in Schutzhaft nehmen und auf die Wartburg bringen. Dort lebte Luther als »Junker Jörg« und übersetzte das Neue Testament in ein verständliches Deutsch, wobei er »dem Volk aufs Maul geschaut« hatte. Zuvor gab es nur unzulängliche Übersetzungen, danach wurde auch auf katholischer Seite nach der Vorlage Luthers die Bibel übersetzt.

7 **c Roger Schutz** Der reformierte Genfer Pfarrer zog 1940 nach Frankreich. Während einer langen Krankheit reifte in ihm der Entschluss, eine Gemeinschaft ins Leben zu rufen, in der täglich Einfachheit und Güte des Herzens gelebt werden. Er kümmerte sich besonders um Verfolgte und Kinder. 1949 verpflichtete er sich mit einigen Brüdern zur Ehelosigkeit und zum einfachen Leben. Heute leben über hundert Brüder aus vielen Konfessionen in Taizé. Bekannt sind vor allem die Jugendwochen, bei denen Tausende Jugendlichen in Taizé zusammen leben.

8 **a Beffchen** Der heute bekannte schwarze Talar mit dem Beffchen wurde in dieser Form 1811 vom preußischen König Friedrich Wilhelm III. eingeführt. Die Form des Beffchens weist auf die Zugehörigkeit zu den verschiedenen Kirchen hin: lutherisch (offen), uniert (halb offen) und reformiert (geschlossen). In einigen Landeskirchen wird auch noch die Halskrause getragen.

9 **b Lumen Christi** Die Osterkerze wird zur Feier der Auferstehung am Osterfeuer entzündet und in die dunkle Kirche getragen. Dabei ruft der Träger (Pfarrer oder Diakon): »Lumen Christi« (Licht Christi), was symbolisieren soll, dass das Licht von Christus her kommt.

10 **b Kaplan** Abgeleitet von Kapelle (der in der Kapelle Dienstuende). In manchen Gegenden ist auch die Bezeichnung Vikar üblich. Nach der Priesterweihe versieht der Kaplan an zwei bis drei Pfarreien oder Dienststellen seinen Dienst und wird dann nach einer Prüfung zum Pfarrer ernannt.

11 **c 6** Einschließlich Palmsonntag sind es sechs.

12 **c Papstwahl** Nach dem Tod eines Papstes versammeln sich alle Kardinäle, die noch nicht das 80. Lebensjahr vollendet haben, im Konklave. Abgeschottet von der Öffentlichkeit müssen sie dort bleiben, bis ein Nachfolger zum Papst gewählt ist.

13 **a Kirchenvorstand** Da die lutherische Lehre davon ausgeht, dass jeder Gläubige einen direkten Zugang zu Gott hat und damit das Priestertum besitzt, gilt die Gemeinde als Versammlung der Gläubigen, um Gottes Wort zu hören. Damit ist auch jeder Nichttheologe berechtigt, die Gemeinde mitzuleiten. Der Kirchenvorstand wird

frei und geheim gewählt und leitet mit dem Pfarrer, der meistens Vorsitzender ist, die Gemeinde. Der Kirchenvorstand hat weitreichende Befugnisse vor allem im Bereich Finanzen und Seelsorge.

14 a **Du bist Petrus und auf diesen Felsen will ich meine Kirche bauen.** Diese Stelle in Mt 16, 18 wird von der katholischen Kirche so gedeutet, dass Petrus von Jesus als Stellvertreter und Leiter der Kirche eingesetzt wird. In der evangelischen Kirche wird diese Stelle eher auf das davor stehende Messiasbekenntnis bezogen: Jeder der Jesus als Messias erkennt, ist ein Fels der Kirche.

15 b **Stuttgart** Das Stuttgarter Schuldbekenntnis ebnete nach dem Zweiten Weltkrieg den Weg für die Aufnahme der Evangelischen Kirche in Deutschland in den Ökumenischen Rat der Kirchen, dessen Gründung vorbereitet wurde.

16 d **2003 in Berlin** Auf der Tradition der evangelischen Kirchentage und der Katholikentage wurde der erste ökumenische Kirchentag unter gleichberechtigter Leitung der beiden großen Kirchen mit großem Erfolg durchgeführt. Obwohl auch die trennenden Aspekte, wie die unterschiedliche Auffassung des Abendmahls sowie die verschiedene Sicht auf Amt und Kirche eine Rolle spielten, war das gemeinsame Erlebnis der Glaubensgemeinschaft für die Teilnehmer prägend und wegweisend.

17 a **Ministranten** Als Repräsentanten der Gemeinde gestalten sie den Gottesdienst mit (Kreuz tragen, Gaben zum Altar bringen, am Altar knien). Die Treffen der Ministrantengruppen dienen aber neben der liturgischen Bildung auch der Freizeitgestaltung und dem sozialen Engagement, stellen also eine wichtige pastorale Aufgabe für die Kinder und Jugendlichen dar.

18 a **Allein die Gnade, allein der Glaube, allein Christus, allein die Schrift** (lat. Sola Gratia – Sola Fide – Solo Christo – Sola Scriptura) Diese Kurzfassung der Lehre Luthers bezieht sich darauf, dass Gott allein aus Gnade den Menschen von Schuld freispricht, und nicht wegen der guten Werke; dass allein der Glaube zu Christus führt, aber nicht Gesetz, Zwang oder Angst; dass der Glaube an Christus ausreichend ist, so dass Heilige und Maria nicht als Ver-

mittler benötigt werden und dass das Fundament des Glaubens allein die Heilige Schrift ist.

19 **b Gelb/Weiß** Die Flagge des Staates der Vatikanstadt besteht aus zwei vertikal getrennten Feldern, einem gelben nächst der Fahnenstange und einem weißen, mit der Tiara und den gekreuzten Schlüsseln, einer in Gold, einer in Silber. Seit 1929, der Gründung des Vatikanstaates offizielles Banner des neuen Staates.

20 **b Auftrag zur Verkündigung und Sakramentenverwaltung an einen Theologen** Die Gemeinde beauftragt in der evangelischen Kirche einen Theologen oder eine Theologin mit der Wortverkündigung und Sakramentenverwaltung. Ordination bedeutet Berufung, Sendung und Segnung für das Amt. Sie wird von einem leitenden Mitglied und den benachbarten Pfarrern/ Pfarrerinnen durchgeführt. Die Ordination gilt unabhängig vom Pfarramt, ist aber Voraussetzung für dieses.

21 **b Reformationstag** Am 31.10. 1517 sandte Martin Luther seine 95 Thesen gegen den Ablasshandel an Bischof Albrecht von Brandenburg. Zugleich sandte er Kopien an Freunde. Durch diese verbreiteten sich die Thesen in ganz Deutschland. Darin wird der Beginn der Reformation gesehen.

22 **c nur auf die Bibel** Der evangelische Glaube hält die Heilige Schrift allein für klar genug, um daran den Glauben zu überprüfen, das heißt, die Heilige Schrift legt sich selbst aus. Die katholischen Kirche betrachtet die Tradition als gleichwertig. Auch die Schrift selbst ist aus der Tradition der ersten Christen erwachsen.

23 **c Am Anfang der Reformation bestimmte der Fürst die Konfession seiner Untertanen.** Beim Augsburger Religionsfrieden 1555 wurden die beiden Konfessionen weitgehend gleichberechtigt anerkannt. Es wurde festgelegt, dass die Fürsten der Länder die Religion bestimmen sollten und gleichzeitig als Oberhäupter der Kirche fungieren. Dieser Grundsatz wurde in späteren Jahrhunderten nicht mehr durchgehalten.

24 **c weltumspannend** aus dem Griech. – auch: allgemein. Der Begriff kennzeichnet zum einen die Konfession (römisch-katholisch/ altkatholisch), zum anderen eine Eigenschaft der

Kirche als der mystische Leib Christi, ecclesia catholica). Die Kirche, durch die wir zum Glauben kommen, soll ihren Blick für die Anliegen und Sorgen der ganzen Welt öffnen.

25 c **Wittenberg** Der Augustiner-Mönch Martin Luther lehrte an der Wittenberger Universität und entwickelte Grundzüge einer neuen Theologie, in deren Mittelpunkt die Frage nach einem »Gnädigen Gott« stand. Damit stellte er sich immer stärker gegen die Angst auslösende Praxis der damaligen Kirche, dass man nur durch gute Werke, Geldspenden und Buße der Hölle oder dem Fegefeuer entkommen könne. Mit seinen Thesen gegen den Ablasshandel leitete er die Reformation ein.

26 b **Am Karsamstag** wird der Tag der Grabesruhe von Jesus Christus begangen. In den Kirchen ist kein Schmuck vorhanden und es wird keine Messe gefeiert.

27 b **Aaronitischer Segen** Dieser Segen geht zurück auf Num 6, 22-27. Hier trägt Gott Mose auf, dass Aaron und seine Söhne mit diesem Segen die Israeliten segnen sollen. Aaron, der Bruder Moses, und seine Nachkommen übernehmen quasi das Amt der Priester. Der Segen, von Luther wieder in den Gottesdienst eingefügt, entfaltet durch seine Einheit von Form und Inhalt seine besondere Wirkung.

28 a **Heilige Herrschaft** Aus dem griech. von hieros=heilig und archein=herrschen, damit wurde zuerst das »Amt des Priesters« bezeichnet. Im heutigen Sprachgebrauch bezeichnet Hierarchie die kirchliche »Rangordnung«.

29 b **Konzil** Verbindliche Beschlüsse kann in der katholischen Kirche entweder der Papst oder die Versammlung der Bischöfe mit dem Papst, eben das Konzil, fassen. Das letzte allgemeine Konzil war das Zweite Vatikanische Konzil von 1962-1965. Dieses Konzil fasste sehr weit reichende Beschlüsse, z. B. im Bereich der Liturgie (Öffnung für landessprachliche Elemente) und in der Ökumene (Bereitschaft zum Dialog mit anderen Kirchen).

30 d **USA** Jedes Jahr am ersten Freitag im März wird der Weltgebetstag begangen. Die Liturgie wird jedes Jahr von Frauen eines anderen Landes entwickelt. Das Gebet um die Einheit der Christen entstand vor über 100 Jahren in den USA. Die Kollekte dieses Tages geht an Projekte in verschiedenen Län-

dern, mit denen Frieden und Gerechtigkeit gefördert werden.

31 a **seit 1731** Nachdem Graf Zinzendorf erstmals 1722 seiner Gemeinde eine Losung für den Tag mitgegeben hatte, erschienen die Losungen 1731 im Druck mit einem Bibelwort und einer Liedstrophe. Heute bestehen die Losungen aus einem Text des Alten Testaments, welcher aus 1800 Zetteln gezogen wird (gelost), einem dazu passenden Lehrtext aus dem Neuen Testament und einem Meditationstext (Lied, Gebet, Bekenntnis). Dazu sind für jeden Tag die Stellen der täglichen Bibellese verzeichnet.

32 b **eine Gemeinschaft der Kirchen** Der Ökumenische Rat der Kirchen wurde 1948 nach langen Vorarbeiten in Amsterdam gegründet und sitzt heute in Genf. Mit Ausnahme der römisch-katholischen Kirche (Beobachter-Status) sind die meisten Kirchen in ihm vertreten. Der ÖRK definiert sich bewusst nicht selbst als Kirche, sondern als »Gemeinschaft von Kirchen«.

33 d **27** 20 Bistümer und 7 Erzbistümer bilden die katholische Kirche in Deutschland. Die Bistümer sind rechtlich nicht selbstständig, sondern sind Teil der weltweiten, römischen Kirche, die von Rom aus geleitet wird.

34 d **Katharina von Bora** Geboren 1499 aus verarmten Landadel, kam sie schon mit 6 Jahren in eine Klosterschule und trat 1515 in das Zisterzienserkloster Nimbschen bei Wurzen ein. Sie lernte dort die Schriften Luthers kennen und floh nach Wittenberg zu Luther, den sie später heiratete. Sie verwaltete den großen Hausstand (mit 6 Kindern) und die Finanzen. Nach Luthers Tod musste sie aus Wittenberg vor der Pest und dem Krieg fliehen, sie starb bei Torgau 1552.

35 c **Tiara** Die konische Kopfbedeckung mit drei Kronreifen und Kreuz hat ihre Ursprünge in iranischen Kappen, die von Beamten und Priestern in Rom getragen wurden (»phrygische Mützen«). Die dreifache Krone wurde verschieden gedeutet: als Hinweis auf die Dreifaltigkeit, auf die drei Reiche (Erde, Fegefeuer und Paradies) bzw. auf die Position des Papstes (Oberhaupt der Könige, Lenker des Erdkreises und Stellvertreter Christi). Papst Paul VI. legte die Tiara 1964 ab und verschenkte sie für wohltätige Zwecke nach Amerika.

36 b **rorare lat. tauen** Früher wurden die Anfangsworte lateinisch gebetet. Die Rorate-Messe ist eine beliebte Feier in der Adventszeit.

37 a **Lutherrose** Die Rose ist das Familienwappen der Familie Luther. 1516 entwickelte Martin Luther das Wappen zum Sinnbild seiner Theologie. Ein schwarzes Kreuz, eingeschlossen von einer roten Rose bedeutet, dass der Glaube an das Kreuz selig macht. Die weiße Rose, die beides umschließt, steht für Freude, Trost und Frieden. Ein goldener Ring als Zeichen der Unendlichkeit bildet den Abschluss.

38 d **caelebs (ehelos)** Schon im 3. Jahrhundert hat der Kirchenvater Hippolyt gefordert, dass die Priester ehelos leben sollten, worauf dies auch allgemeiner Brauch wurde, ohne sich überall und ganz durchzusetzen. Erst auf dem Laterankonzil 1139 wurde der Zölibat kirchliches Gesetz. Luther schaffte den Zölibat für die evangelischen Kirchen ab. In der katholischen Kirche ist er bis heute gültig.

39 d **Bischofsweihe, Priesterweihe, Diakonenweihe** Das Weihesakrament geht zurück auf die Auserwählung der zwölf Apostel durch Jesus: Heilt die Kranken, die dort sind, und sagt den Leuten: Das Reich Gottes ist euch nahe (Lk 10, 9). Die Weihe in der katholischen Kirche setzt die apostolische Sukzession voraus, das heißt, dass sich die Weihe auf die Apostel zurückverfolgen lässt.

40 c **Adveniat** von lat. adveniat regnum tuum = es komme dein Reich. Hilfsaktion der kath. Kirche für Lateinamerika, gegründet 1961. Erhält ihre Mittel aus der Spende der deutschen Katholiken jeweils am 1. Adventssonntag.

41 b **Das Buch Jesus Sirach** Es handelt sich um ein Buch, welches wahrscheinlich um 180 v. Chr. geschrieben wurde. Es enthält Lebens- und Verhaltensregeln. Luther nahm es nicht in den Kanon seiner Heiligen Schrift auf, da es nicht im hebräischen Kanon stand. Jesus Sirach ist uns im griechischen Kanon der Diasporajuden überliefert worden.

42 a **Synode** Die Versammlung von Theologen und gewählten Laien stellt das oberste kirchliche Leitungsorgan der lutherischen Landeskirchen dar. Sie hat ihren Ursprung in den synodalen Leitungsstrukturen der reformierten

Kirchen. Zwar gibt es meist einen Bischof oder Kirchenpräsidenten mit weitreichenden rechtlichen Befugnissen, der aber in der Gesetzgebung von der Synode abhängig ist.

43 a **apostolische Sukzession** Die Handauflegung bei der Bischofsweihe stellt den Geweihten in die Tradition der Apostel und ihrer Nachfolger. Die Handauflegung wird auch in episkopalen evangelischen Kirchen erteilt, z.B. in Skandinavien und Großbritannien.

44 c **Die evangelischen Reichsstände verließen 1529 unter Protest den Reichstag zu Speyer.** Mit diesem Akt kündigen die evangelischen Reichsstände die Gefolgschaft gegenüber dem Kaiser in Fragen des Glaubens auf.

45 a **Pilgerreisen zu heiligen Orten** Ein besonderer Ausdruck katholischer Volksfrömmigkeit sind die Wallfahrten. Das Ziel dieser Pilgerreisen sind heilige Orte. Seit den Zeiten der Alten Kirche gab es Wallfahrten nach Rom zu den Apostelgräbern und nach Jerusalem. Im 19. und 20. Jahrhundert entstanden viele Marienwallfahrtsorte. Zentren dieser Verehrung der Gottesmutter sind Fatima in Portugal und der französische Ort Lourdes. Daneben gibt es bereits seit dem frühen Mittelalter Wallfahrten zu anderen Heiligen wie dem heiligen Jakobus in Santiago de Compostela in Gallizien. Hier soll sich das Grab des Apostels Jakobus befinden. Der meistbesuchte katholische Wallfahrtsort ist nicht Rom oder Jerusalem, sondern das mexikanische Guadelupe.

46 a **Rosenkranz** Im ausgehenden Mittelalter entwickelte sich der Rosenkranz aus Gebetsschnüren und Mariengebeten. Mit 50 Ave Maria und 10 Vater unser werden vier Geheimnisse zu je fünf Teilen meditiert. Ihr gemeinsames Thema ist das Leben Jesu (freudenreich, lichtreich, schmerzhaft, glorreich). Im deutschen Sprachraum führen seit dem 16. Jahrhundert fünf Perlen zum Kranz hin: das Glaubensbekenntnis, drei Ave Maria und ein Vater Unser. Die Einfügungen in den Mariengruß bedenken die göttlichen Tugenden Glaube, Hoffnung und Liebe. Papst Pius V. vereinheitlichte die Formulierungen des Ave Maria. Er schrieb den Sieg der christlichen Fürsten in der Seeschlacht von Lepanto (1571) dem Rosenkranzgebet zu. Die lichtreichen

Gesätze wurden von Johannes Paul II. 2003 eingefügt. Sie behandeln das aktive Wirken Jesu, beginnend mit seiner Taufe im Jordan durch Johannes.

47 a **die Herrnhuter Brüderunität** Seit dem Jahr 1732 sind sprachlich besonders gut ausgebildete Missionare der Herrnhuter weltweit unterwegs, um das Wort Gottes zur verbreiten. Dabei spielen die »Losungen« eine große Rolle, die als verbindendes Element zwischen den Missionaren diente. Heute werden die Losungen weltweit in 50 Sprachen gedruckt. In Herrnhut existiert ein Missionsmuseum.

48 c **Donnerstag nach Dreifaltigkeit** An diesem Tag verehrt die katholische Kirche besonders die heilige Eucharistie in Gottesdienst und Prozession. Die Initiative zu diesem Fest kam von der Ordensfrau Juliane von Lüttich. In Köln fand 1279 an diesem Tag erstmals eine Prozession statt. Dieser Brauch breitete sich rasch aus.

49 d **Predigtamt** In der Augsburger Konfession von 1530, dem wichtigsten Bekenntnis der lutherischen Kirche, wird die Aufgabe des Pfarrers bestimmt: Er ist ausgebildet und wird von der Gemeinde ausgewählt, um für das gottesdienstliche Leben, vor allem für die Predigt, zu sorgen. Der Pfarrer ist qualifiziert, aber nicht aus der Gemeinde herausgehoben.

50 a **25. März** Neun Monate vor dem Weihnachtsfest gedenkt die Kirche der Verkündigung des Engels an Maria, dass sie Gottes Sohn gebären soll. Maria antwortet: »Ich bin die Magd des Herrn; mir geschehe, wie du es gesagt hast (Lk 1, 38).

51 d **Kerzenweihe** An diesem Tag werden in der katholischen Kirche Kerzen geweiht. Eigentlich »Darstellung des Herrn«: Jesus wird nach jüdischem Gesetz in den Tempel gebracht (Lk 2, 21-39). Der Name »Lichtmess« nimmt auf den Bericht des Evangeliums Bezug. Der greise Simeon bezeichnet Jesus als »Licht zur Erleuchtung der Heiden und zur Verherrlichung Israels«. Obgleich die Weihnachtszeit seit der Liturgiereform am zweiten Sonntag nach Weihnachten endet, bleibt in vielen Kirchen der Weihnachtsschmuck bis Lichtmess.

52 d **EKD Evangelische Kirche in Deutschland** In der Evangelischen Kirche in Deutschland sind 24 lutherische, reformierte und unierte Landeskirchen

vereinigt. Ohne die Selbständigkeit der einzelnen Landeskirchen zu beeinträchtigen, nimmt die EKD ihr übertragene Gemeinschaftsaufgaben, wie z. B. Vertretung der Interessen der Kirchen nach außen und die Abstimmung gemeinsamer Aktionen, wahr. Die demokratisch verfassten und gewählten Leitungsgremien der EKD sind Synode, Rat und Kirchenkonferenz.

53 b **Konkordat** Bilateraler völkerrechtlich verbindlicher Vertrag zwischen dem Vatikan und einem weltlichen Staat. Er regelt Religionsunterricht, Militärseelsorge, Einrichtung von päpstlichen diplomatischen Vertretungen sowie Verfahren der Bischofsernennungen.

54 b **zwei Konfessionen – eine Kirche** Wenn zwei Konfessionen einen Kirchenraum gemeinsam nutzen, wird von einer Simultankirche (von lat. simul = gemeinsam) gesprochen. Eine der ältesten Simultankirchen ist die Domkirche von Bautzen.

55 c **Lätare** Die alten lateinischen Bezeichnungen der Passionssonntage werden heute nur noch in der evangelischen Liturgie verwendet. Nach der Liturgiereform der katholischen Kirche blieb nur Lätare als lateinische Sonntagsbezeichnung erhalten.

56 a **wenn der 25. Juli auf einen Sonntag fällt** Der Festtag des hl. Jakobus, der 25. Juli, ist jedes Jahr ein bedeutsamer Feiertag für ganz Spanien. Das Heilige Jahr zu Ehren des Apostels Jakobus wurde erstmals 1122 gefeiert. Erst 1300 wurde auch in Rom ein Heiliges Jahr gefeiert. Das erste »Anno Santo Jacbeo« im neuen Millennium wird 2004 gefeiert. Seit dem 12. Jahrhundert zieht der Ort Pilger aus ganz Europa an. Das Symbol der Jakobspilger ist die Muschel.

57 d **1991** Im Jahre 1991 hat die Schaumburg - Lippische Landeskirche als letzte Gliedkirche der EKD die Frauenordination eingeführt, nachdem der bekenntnisorientierte Bischof Prof. Dr. W. Heubach in den Ruhestand getreten war.

58 b **Friedrich der Weise** regierte 1486-1525 als Kurfürst von Sachsen. Er war Förderer der Künste und der Wissenschaft und machte die Universität Wittenberg durch die Berufung Luthers und Melanchthons zum geistigen Zentrum der Reformation. Obwohl er sich mit einem eindeutigen Bekenntnis zur Reformation zurückhielt,

sorgte er dafür, dass sich die neuen Gedanken im offenen Streit ausbreiten konnten.

59 c **Glaubens- und Sittenfragen** In einem innerkirchlichen Streit über Fragen des Glaubens und der Sitte steht dem Papst das letztgültige und nicht revidierbare Urteil zu (Iurisdiktionsprimat). Die feierliche Verkündigung von Glaubenswahrheiten (Dogma) ist nur dann „unfehlbar" (infallibel), wenn darin das entfaltet wird, was die Kirche immer und überall geglaubt hat. Alle anderen Äußerungen des Papstes bleiben fehlbar. Die Gemeinschaft der Christen als ganze gilt als unfehlbar, sofern sie sich immer neu von Christus und seinem Wort führen lässt. Die Auseinandersetzung um die Unfehlbarkeit führte nach 1870 zur Entstehung der Altkatholiken. Das Zweite Vatikanische Konzil hat die Bedeutung des Bischofskollegiums gestärkt.

60 a **eine caritative Schwesterngemeinschaft** Diakonissen sind »Dienerinnen des Herrn Jesus Christus und um seinetwillen Dienerinnen an den Hilfsbedürftigen aller Art und Dienerinnen untereinander« (Kaiserswerther Grundordnung). Die evangelischen Schwestern sind unverheiratet, leben in genossenschaftlicher Lebensform ohne persönlichen Lohn und tragen eine Tracht. Das Diakonissenmutterhaus in Kaiserswerth bei Düsseldorf wurde 1836 gegründet. Hier wurden alleinstehende Frauen durch einen christlichen Dienst an der Gemeinschaft zusammengeführt. Die 1861 entstandene Kaiserswerther Generalkonferenz vereinigte mehrere Diakonissenhäuser. Heute repräsentiert der Weltbund Diakonia die Schwesternschaften auf internationaler Ebene.

61 a **Quatember** Die Tage, die der geistlichen Erneuerung dienen, werden jeweils in der 1. Fastenwoche, der letzten Woche der Osterzeit, der ersten Oktoberwoche und der ersten Adventswoche meist an nur einem Tag mit Gebet, Fasten und guten Werken begangen. Nach Ursprung und Inhalt stehen die Quatembertage im Zusammenhang mit dem Beginn der vier Jahreszeiten sowie zu heidnisch römischen Ernte- und Aussaattagen. Im Mittelalter wurden bei Seuchen und in Kriegsgefahr Buss- oder Sühnetage begangen. 1535 rief Kaiser Karl V. das Reich zur Busse auf. Als sich im 16. und 17. Jahrhundert in evan-

gelischen Gemeinden der Brauch der Buß- und Bettage entwickelte, orientierten sie sich vielfach an den alten Quatembertagen. Erst die Eisenacher Konferenz evangelischer Kirchenleitungen schlug 1852 den Mittwoch vor dem letzten Sonntag des Kirchenjahres als gemeinsamen Buß- und Bettag vor.

62 a **Tagesimpulse aus der Bibel** Die Losungen haben ihren Ursprung in kurzen Andachtsworten der Herrenhuter Brüdergemeine. Jedes Jahr werden aus 1800 Versen des Alten Testaments je einer für einen Tag im Jahr ausgelost, - und dann dazu passend ein Vers des Neuen Testaments ausgewählt. Heute werden die Losungen in 46 Sprachen verbreitet. Die Herrenhuter Brüdergemeine ist eine Gemeinschaft, die ihr Leben auf Christus ausrichtet. Sie zählt heute 500.000 Mitglieder. Die Brüdergemeine ist vor allem missionarisch tätig. Neben den Losungen ist auch der typische Herrenhuter Stern weit verbreitet.

63 **d Johann Hinrich Wichern** Der evangelische Theologe und Pfarrer begründete 1833 in Hamburg zur Rettung der sozial verelendeten Jugend ein Heim, das »Rauhe Haus«. Nachdem diese Arbeit sich ausbreitete, gründete er für die evangelische Sozialarbeit die »Innere Mission«, die noch heute ein wichtiger Träger der evangelischen Sozialarbeit ist.

64 a **in Mainz 1848** Um 1840 werden die ersten katholischen Vereine gegründet, die sich zunächst der Weltmission (Franz-Xaverius-Verein 1841) und der Förderung religiöser Bildung (Borromäusverein 1844) sowie der sozialen Arbeit (Katholischer Gesellenverein, später Adolf-Kolping-Werk 1846) widmen. Diese Vereine, die vor allem von Laien getragen werden, veranstalten das erste Treffen der katholischen Vereine, was bald darauf zur ständigen Einrichtung wird. Seit 1949 findet er alle zwei Jahre statt (abwechselnd mit dem Evangelischen Kirchentag). Der Ökumenische Kirchentag 2003 wurde als gemeinsames Forum von den Leitungsgremien der konfessionellen Kirchentage vorbereitet.

65 c **Lutheraner und Reformierte** 1817 erließ der preußische König einen Aufruf, er wollte in seinem Staatsgebiet nur eine Konfession haben, es gab aber reformierte und lutherische Gemeinden. Diese schlossen sich

zur Kirche der Union zusammen. Da die Gemeinden vorher schon sehr selbstständig waren, war es den Gemeinden meist freigestellt, nach welcher Konfession sie Gottesdienst hielten. Heute ist die Union in die Union Evangelischer Kirchen übergegangen und strebt eine Einheit mit der EKD an.

66 a **Krakau** Johannes Paul II.war von 1958 bis zu seiner Wahl zum Papst Bischof von Krakau. Zuvor war er als Universitätspfarrer tätig und lehrte Ethik in Krakau und Lublin. Den Lehrstuhl für Ethik an der Katholischen Universität Lublin hatte er auch als Bischof bis zu seiner Wahl zum Papst inne. 1978 wurde er zum ersten Nichtitaliener auf dem Stuhl Petri seit 1523. In seinem langen Pontifikat unternahm er zahlreiche Pastoralreisen. Als erster Papst veröffentlichte er eine Autobiographie, die zu einem Bestseller wurde. 2003 feierte er sein 25-jähriges Amtsjubiläum.

67 b **Worms** Nachdem Papst Leo X. den Bann über Luther verhängt hatte, mischt sich Kaiser Karl V. in den Streit ein und zitiert Luther nach Worms zum Reichstag. Dort verteidigt dieser seine Lehre (überliefertes Zitat: Hier stehe ich und kann nicht anders, Gott schütze mich. Amen.) Karl verhängt daraufhin die Reichsacht, Luther bekommt zunächst aber freies Geleit. Um Luther zu schützen, lässt sein Kurfürst Heinrich der Weise ihn entführen. In den folgenden Monaten lebt Luther als Junker Jörg auf der Wartburg.

68 **b Die Landesfürsten dürfen die Konfession ihrer Untertanen bestimmen.** Auf dem Reichstag in Augsburg 1555 wurden die Lutheraner als zweite Konfession in Deutschland anerkannt. Für sein Gebiet bestimmt der Landesherr die Konfession in seinem Gebiet: »Cuius regio, eius religio.« Wer den Konfessionswechsel seines Herrschers nicht mitvollziehen wollte, der durfte ungehindert auswandern (ius emigrandi). Geistliche Fürsten (Bischöfe mit Territorialbesitz) verloren Amt und Territorium, wenn sie evangelisch wurden. Das Gesetz bestand bis zur Reichsauflösung 1806. Es wurde aber bereits im 17. Jahrhundert nicht mehr durchgesetzt. So blieb Sachsen evangelisch, als August der Starke 1697 katholisch wurde, um so König von Polen zu werden.

69 **b Erlass der Bußstrafe** »Wenn darum ein Glied leidet, leiden alle Glieder mit, wenn ein Glied geehrt wird, freuen sich alle anderen mit ihm« (1 Kor 12,26) Dieses Pauluswort gilt als biblische Stütze für die Lehre vom Ablass. Die katholische Kirche versteht unter einem Ablass den Nachlass zeitlicher Strafen vor Gott für Sünden, deren Schuld durch Beichte und Absolution schon getilgt ist. Jede Sünde behindert die Beziehung des Menschen zur Gesellschaft und auch zu sich selbst. Die Sündenvergebung allein hebt diese Störung nicht auf. Um unser Leben zu ändern oder gar zu bessern, sind wir auf die Unterstützung anderer angewiesen, die unsere Schwäche nicht ausnützten. Wenn ein Mensch durch Fasten, Gebet und gute Werke zeigt, dass er seinen Weg immer neu mit Christus gehen will, sagt die Gemeinschaft der Christen im Ablass zu, dass die gestörten Beziehungen heilbar sind. Am Missbrauch des Ablasses für den Bau der Peterskirche in Rom entzündete sich Luthers Kritik. Als freiwillige geistliche Übung wird der Ablass bis heute von der katholischen Kirche angeboten.

70 **b Barmen 1934** Hitler wollte nach seiner Machtergreifung 1933 die Kirchen in sein System einbauen und versuchte, eine »Reichskirche« zu gründen. Einige Bischöfe gingen diesen Weg und es kam dadurch zu einer Spaltung einiger Landeskirchen, da sich viele dieser Gleichschaltung widersetzten. Es kam zur Gründung der »Bekennenden Kirche«, die nach dem Untergang des NS-Regimes auch den Grundstein einer unabhängigen, synodal geleiteten evangelischen Kirche bildeten.

1 d **Der Dornbusch brannte, aber verbrannte nicht.** Nach Ex 3,2 begegnete Gott dem Mose im Dornbusch am Gottesberg Horeb und forderte Mose auf, die Israeliten aus Ägypten herauszuführen. Gott nannte seinen Namen: Jahwe, das heißt »Ich bin da«.

2 b **Regenbogen** Der hebräische Begriff für Bogen des Kämpfers und für Regenbogen ist identisch – »käschät«. Im übertragenen Sinne hängt Gott seinen Bogen an den Himmel und verzichtet auf künftige Strafgerichte (Sintflut), aber nicht auf das Zeichen seiner Macht und Stärke (Gen 8, 21; Gen 9, 13).

3 b **Propheten** von griech. phanai = sagen, erklären. In Israel Ausleger und Verkünder von Gottes Offenbarungen.

4 b **die Sprache der Bauleute** Erzählung aus der Urgeschichte (Gen 11,1-9) über die Haltlosigkeit hochmütigen Selbstvertrauens und der Erhebung des Menschen gegen Gott. Sie knüpft an die archäologisch erforschte Errichtung des Ziqqurat Etemenanki (= Haus, welches Fundament von Himmel und Erde ist) in Babylon, einem stufenförmig sich verjüngenden Tempelturm von 91 m Höhe auf einer Grundfläche von 91 x 91 m, an.

5 a **Steinschleuder** Vgl. 1 Sam 17, 49: David möchte mit dem Philister Goliat kämpfen, der viel stärker und besser ausgerüstet ist. Er nimmt sich eine Steinschleuder und wartet so lange, bis Goliat auf Wurfweite heran ist, dann schleudert er den Stein und trifft Goliat mitten in die Stirn. Daraufhin fliehen die Philister.

6 b **Methusalem** eigentlich Metuschelach, ist der Großvater Noachs. Den Menschen in der Patriarchenzeit des Alten Testaments wird ein hohes Alter zugesprochen. Über die Deutung der Altersangaben gibt es verschiedene Theorien, sie beruht wohl auf hebräischer Zahlensymbolik, die wir heute nicht mehr kennen.

7 a **Tote Meer** Das Tote Meer liegt 390 m unter dem Meeresspiegel, ist rund 77 km lang und 13 km breit. Alles Wasser, das vom Jordan und anderen Flüssen in das Meer fließt, verdunstet in der Hitze. Der Salzgehalt liegt bei 22 %, es gibt keine Fische darin. Man treibt beim Baden an der Oberfläche und geht nicht unter. Wird nur im AT erwähnt (Dtn 3, 17, Jos 3, 16).

8 a **Eva** Abel und Kain waren die Söhne von Adam und Eva. Abel wurde Schafhirt, Kain Ackerbauer. Später erschlug Kain den Abel, weil Gott nur das Opfer von Abel angenommen hatte (Gen 4).

9 a **Jakob und Esau** Die Zwillingssöhne von Isaak und Rebekka, wobei Esau der Erstgeborene war, der später sein Erstgeburtsrecht für ein Linsengericht an Jakob verkaufte und der von Jakob um den Segen von Isaak geprellt wurde (Gen 25, 25ff).

10 c **Genesis** So heißt das erste Buch Mose, welches von der Enstehung der Welt, vom Paradies, der Sintflut und von den Erzvätern Abraham, Isaak und Jakob sowie von Josef erzählt.

11 d **Schöpfungsgeschichte** Die Juden erklärten den natürlichen Sieben-Tages-Rhythmus des Menschen theologisch durch die Erschaffung der Welt:... und er ruhte am siebten Tag... (Gen 2, 2).

12 d **Ägypten** Mose wurde zu der Zeit geboren, als die Israeliten in Ägypten als Sklaven dienen mussten. Er führte sie aus Ägypten heraus.

13 b **im Fluss** Mose war als männliches Kind einer Israelitin in Ägypten dem Tode geweiht. Seine Mutter setzte ihn im Nil in einem Bastkörbchen aus. Dort wurde er von der Pharaonentochter gefunden und von der eigenen Mutter als »Amme« aufgezogen.

14 a **Dekalog** griech. deka = zehn und logos = Rede, Wort, Lehrsatz.

15 b **40 Jahre** zogen die Israeliten durch die Wüste, geführt von Mose, bis sie das gelobte Land erreichten. Beschrieben ist das in den Büchern Exodus, Levitikus, Numeri und Deuteronomium.

16 d **Esau und Jakob** Es waren Zwillinge, und Esau (der »Rotbehaarte«) war der Erstgeborene, der aber von Jakob überlistet wurde und seine Erstgeburtsrechte für ein Linsengericht verkaufte. Deshalb musste er in der Steppe leben, schwor seinem Bruder Rache, gewährte ihm aber später Verzeihung (Gen 25ff.)

17 b **Ninive** Die Geschichte vom Propheten Jona ist im gleichnamigen Buch aufgeschrieben. Jona versucht sich dem Auftrag Gottes, Ninive zur Umkehr zu bewegen, durch Flucht auf einem Schiff zu entziehen. Bei einem Sturm wird er als Schuldiger ausgelost und über Bord geworfen, von einem Fisch verschluckt und bei Ninive an Land geworfen. Als die Einwohner seiner Botschaft folgen und von ihrem bösen Lebenswandel ablassen, ist Jona zornig, weil Gott ihm zu barmherzig erscheint.

18 d **einen Olivenzweig** Als Noach den Olivenzweig sah, wusste er, dass nur noch wenig Wasser auf der Erde stand (Gen 8,11)

19 c **um dessen Frau zu verführen** David beobachtete zufällig Batseba beim Baden und verliebte sich in sie. Als er erfuhr, dass sie die Frau seines Heerführers Urija sei, schickte er diesen in die vorderste Frontlinie, damit er umkommt und er dessen Frau nehmen kann. So geschah es auch. Daraufhin wurde David vom Propheten Nathan heftig kritisiert.

20 a **Ruben** Nach Gen 29 wollte Jakob Rahel, die Tochter Labans, heiraten und musste dafür sieben Jahre für Laban arbeiten. Danach gab Laban ihm heimlich Lea, seine andere Tochter. Diese gebar ihm Ruben. Nach weiteren sieben Jahren konnte Jakob Rahel heiraten.

21 c **ist nicht näher beschrieben** Tatsächlich ist nur vom Baum der Erkenntnis und von köstlichen Früchten die Rede, aber nicht von der Baumsorte (vgl. Gen 3,3ff). Traditionell wird aber meist der Apfel als Frucht beschrieben und dargestellt.

22 b **Betlehem** Nach 1 Sam 16ff stammt David von Isai aus dem Stamm Juda ab. Samuel salbt ihn in jungen Jahren zum König. Betlehem ist nach Jesaja die Köngsstadt, aus der der Messias kommen soll. Jesus wird ebenfalls in Betlehem geboren und stammt auch aus dem Geschlecht Davids.

23 b **1. Buch Samuel** Die zwei Bücher Samuel, die ihren Namen vom Propheten Samuel haben, erzählen von der Entstehung der Königsherrschaft in Israel: Saul und David. Der Kampf zwischen dem Philister Goliat und dem Hirtenjungen David steht im 17. Kapitel.

24 a **Abigajil** Nach 1 Sam 25 war Nabal ein wohlhabender Mann. Zwischen ihm und David kam es zu Spannungen, nachdem David den Besitz von Nabal geschützt hatte. Nach dem Tod Nabals heiratete David die Frau. Ihr gemeinsamer Sohn war Kilab, auch Daniel genannt.

25 d **Ismael** Da Abrahams Frau Sara lange kinderlos blieb, zeugte Abraham mit seiner Magd Hagar einen Sohn: Ismael. Als Sara dann ihren Sohn Isaak ge-

bar, schickte Abraham Hagar und Ismael in die Wüste, da ihm verheißen wurde, dass auch Ismael Stammvater eines Volkes werden sollte. Die Moslems berufen sich bis heute auf Ismael als ihren Stammvater.

26 b **Benjamin** In Gen 35, 18 wird berichtet, dass die Mutter bei der Geburt starb und vorher »Ben-Oni« – Sohn meines Kummers nannte. Jakob nannte ihn später Benjamin – Sohn des Glücks. B. spielt eine wichtige Rolle bei der Versöhnung von Josef mit seinen Brüdern (Gen 42-45). Der Stamm – der an der Grenze zu den Philistern siedelte – war klein, einige wichtige Persönlichkeiten waren aber Benjaminiter: Ehud der Richter, König Saul, Jeremia und der Apostel Paulus.

27 b **einen Ärmelrock,** ein Festtagsgewand (vgl. Gen 37, 3). Josef war Jakobs Lieblingssohn, weil er der erste Sohn von Rahel, seiner Lieblingsfrau, war. Deshalb zog er den Neid seiner Brüder auf sich, so dass sie ihn töten wollten, dann aber an vorbeiziehende Kaufleute verkauften, die ihn dann in Ägypten an Potifar weiterverkauften (Josefsgeschichte).

28 a **Prophet** Elija (»Jahwe ist mein Gott«) wurde in Tischbe geboren und prangerte die Übernahme heidnischer Bräuche durch König Ahab und dessen phönizische Frau Isebel an. Daraufhin wurde er verfolgt und musste sich verstecken. Viele Wunder werden von ihm berichtet, und er gilt als Vorläufer und Ankündiger des Messias. An seinem Lebensende wurde er in einem Gewittersturm in den Himmel entrückt (2 Kön 2,11).

29 d **Rebekka** »die Bestrickende« Sie stammte aus Haran und wurde von einem Diener Abrahams zu Isaak gebracht. Nach langer Unfruchtbarkeit gebar sie die Zwillinge Esau und Jakob, wobei sie den zweitgeborenen Jakob vorzog und ihm half, den Segen des Erstgeborenen von Isaak zu erhalten. Sie gilt als zweite Stammmutter des Volkes Israel und ist in der Höhle von Machpela begraben (Gen 24-27; Gen 49).

30 b **Als Wolkensäule** bei Tag, um ihnen den Weg zu zeigen, und als Feuersäule bei Nacht, um ihnen zu leuchten, geleitete Gott sein Volk durch die Wüste (Ex 13,21).

31 b **am dritten Tag** Nachdem Gott das Land vom Wasser getrennt hatte, lässt er auch gleich die Pflanzen wachsen (vgl. Gen 1, 9ff).

32 b **die Kerubim (Engelgestalten)** Außer diesen Engelgestalten stellte Gott auch noch ein Flammenschwert davor.

33 c **Ganges** Dieser Fluss fließt durch Indien, wogegen der Garten Eden traditionell an den Zusammenfluss des Eufrat und des Tigris gelegt wird. Der Fluss Pischon kann historisch nicht verortet werden, steht aber in der Bibel (vgl. Gen 2, 10ff).

34 b **die steinernen Gesetzestafeln** Nachdem Mose die zehn Gebote von Gott erhalten hatte, wurde nach Gottes Anweisungen eine mit Gold überzogene hölzerne Lade gebaut, indem sich die Tafeln befanden. Lange Zeit war sie in der transportablen Stiftshütte untergebracht, später wurde sie von den Philistern geraubt, kehrte aber zurück und befand sich im salomonischen Tempel. Seit dem babylonischen Exil ist ihr Verbleib unbekannt.

35 a **Jakob** Der Sohn Isaaks gehört zu den so genannten Erzvätern. Nach Gen 32, 23f rang Jakob mit einem göttlichen Wesen (Engel), der Kampf ging unentschieden aus. Daraufhin nannte das Wesen ihn Israel – »Gotteskämpfer«. Der Name ging dann auf die zwölf Stämme (Abkömmlinge der Söhne Jakobs) sowie später auf das Königreich sowie auf die gesamte Gottesgemeinde der Juden über. Heute vor allem Bezeichnung für den Staat Israel.

36 a **Esau** Der Sohn von Isaak und Rebekka war rötlich behaart. Esau ging gerne jagen, Jakob dagegen blieb lieber bei den Zelten. Später verfeindeten sie sich wegen des Erstgeburtsrechtes und des Segens ihres Vaters (vgl. Gen 25, 25ff).

37 a **für ein Linsengericht** Esau hatte einen solchen Hunger, als er von der Jagd kam, dass er sein Erstgeburtsrecht, an dem ihm nichts lag, für einen Teller roter Linsen mit Brot hergab.

38 a **Baal** Die Völker, die in der Nachbarschaft der Israeliten lebten, und unter dem Namen Kanaaniter zusammengefasst werden, verehrten verschiedene Gottheiten, die sie Baal nannten. Eine besondere Rolle spielte dabei der höchste Gott, der des Sturmes und des Regens, welcher ebenfalls Baal hieß. Die Israeliten verfielen immer wieder dem Baalskult.

39 b **Judit** Die im Buch Judit aufgeschriebene Geschichte erzählt

von der Belagerung der Israeliten durch die Assyrer. Die schöne Witwe Judit wagt sich unter Anwendung einer List ins Lager der Assyrer und erwirbt das Vertrauen des Holofernes. Er will sie nach einem Festmahl verführen, schläft aber vom Wein berauscht ein. Da schlägt sie ihm den Kopf ab. Daraufhin fliehen die Assyrer.

40 a **ein goldenes Kalb** Da Mose sehr lange auf dem Berg verblieb, trauten die Israeliten ihm die Führung nicht mehr zu und gossen aus ihren Schmuckstücken ein goldenes Kalb (Stier), welches sie verehrten und umtanzten. Die heidnischen Götter (Baale) wurden oft als Stiere dargestellt.

41 a **Apokryphen** von griech. = verborgen, geheim. Schriften des Alten und Neuen Testaments, die nicht zu den öffentlich im Gottesdienst vorgelesenen Texten gehören.

42 a **Raben** Als sich Elija auf Gottes Geheiß hin am Bach Kerit verbarg, schickte Gott ihm Raben, die ihn jeweils am Morgen und am Abend mit Brot und Fleisch versorgten (1 Kön 17, 1-7).

43 c **Lot** Mit diesem zog Abraham aus Ur in Chaldäa nach Haran und dann nach Kanaan, dem heutigen Israel (vgl. Ex 11ff.)

44 c **Isai** Ein einfacher Mann aus Betlehem vom Stamm Juda, dessen jüngster Sohn David schon als Kind von Samuel gesalbt und später König wird (1 Sam 16ff). Jesaja verheißt, dass der Messias, »der Reis« aus dem »Baumstumpf Isais« stammen werde, eine Anspielung auf Jesus, dessen menschlicher Stammbaum auf David zurückgeführt wird (Jes 11, 1ff). Verarbeitet im Lied »Es ist ein Ros' (Reis) entsprungen ... aus Jesse (Isai) kam die Art«.

45 a **Salomo** Zwar wollte schon David einen Tempel für die Bundeslade erbauen, aber erst unter seinem Sohn, dem König Salomo, kam es dazu (1 Kön 5).

46 c **den Bruder ihres verstorbenen Mannes** Da man die angeheiratete Frau im alten Israel gleichsam als Eigentum der Sippe betrachtete (aufgrund des Brautpreises), wurde sie beim Tod ihres Mannes mit einem Verwandten verheiratet. Im AT ist die Absicht zu erkennen, dem Verstorbenen Nachkommen zu verschaffen, um seinen Namen zu erhalten (Gen 38).

47 b **zehn Plagen** Dazu gehören u.a. eine Froschplage, eine Plage

durch Stechmücken, eine Viehseuche und, als Letztes und Schlimmstes, der Tod der Erstgeborenen von Mensch und Vieh, worauf der Pharao die Israeliten vorerst ziehen ließ (vgl. Ex 7ff).

48 b **Elija** Das Alte Testament berichtet von dem bedeutenden Propheten Elija, der das Volk immer wieder von den fremden Göttern abhält und viele Wunder wirkte. So nimmt ihn Gott zu sich: Während sie miteinander (mit Elischa, seinem Schüler und Nachfolger) gingen und redeten, erschien ein feuriger Wagen mit feurigen Pferden und trennte beide voneinander. Elija fuhr im Wirbelsturm zum Himmel empor (2 Kön 2,2).

49 c **Simson** Simson war dem Herrn geweiht und besiegte durch seine große Kraft viele Philister. Ein Verhältnis mit der Philisterin Delila wurde ihm zum Verhängnis: Sie erfuhr, dass seine Kraft in den Haaren lag, und schnitt es ab. Dadurch geriet er in Gefangenschaft. Dort wuchsen ihm die Haare wieder, und als er zu Ehren des Gottes Dagon zur Schau gestellt wurde, brachte er den Tempel zum Einsturz, wobei 3000 Philister und er selbst ums Leben kamen (siehe auch Ri 13ff).

50 d **Susanna** Zwei Älteste, die sie begehrten, aber von ihr abgewiesen wurden, bezichtigten sie des Ehebruchs. Ihre falsche Aussage wurde von David entlarvt (Dan 13,1 – 64).

51 a **Numeri** Die fünf Bücher Mose (auch Pentateuch oder Tora genannt) wurden schon vor Christi Geburt auch nach ihrem Inhalt benannt, was in der griechischen Bibelübersetzung, der Septuaginta, bezeugt ist. In der Einheitsübersetzung werden die Bücher dann auch so benannt: Genesis (Schöpfung), Exodus (Auszug), Levitikus (Gesetz der Priester), Numeri (Zählung der Krieger) und Deuteronomium (zweites Gesetz).

52 b **sprechen** In Num 22,1ff ist die Geschichte des Wahrsagers Bileam aufgeschrieben. Er soll auf Befehl des Königs von Moab, Balak, die Israeliter verfluchen, die durch das Gebiet ziehen. Klüger als Bileam ist aber sein Esel, der den Boten des Herrn sieht und Bileam darauf aufmerksam macht (Num 22, 21-33).

53 d **Dagon** von hebr. dagan – Getreide. Die Gottheit findet an verschiedenen Stellen Erwähnung: Ri 16, 21f; 1 Sam 5, 1f; 1 Makk 10, 83; 1 Chr 10, 10.

Bei einem Opferfest in Gaza bewies der gefangene Simson die Überlegenheit des Gottes Israel gegenüber Dagon, indem er das Haus, in welchem er und die Philister versammelt waren, zum Einsturz brachte.

54 b **Deuteronomium** Das fünfte Buch Mose, der Name leitet sich ab von hebr. mischneh torah, soviel wie »zweites Gesetzeswerk«. Es beinhaltet die Auslegung der Gesetze durch Mose, die in den Büchern Exodus, Levitikus und Numeri (2.-4. Buch Mose) erlassen werden. Am Ende wird von Moses Tod berichtet (Dtn 34, 1ff.)

55 a **Genesis (1. Buch Mose)** Der mit »Schöpfung« übersetzte Name des Buches weist darauf hin, dass hier sehr wichtige Geschehnisse des Wirkens Gottes aufgeschrieben sind. Angefangen mit der Erschaffung der Welt, über die Sintflut, dem Turmbau zu Babel, der Geschichte Abrahams und Isaaks bis zur Geschichte Josefs sind die bekanntesten Figuren des Alten Testamentes hier versammelt.

56 d **Ameise** Im Buch der Sprichwörter sagt Salomo: »Geh zur Ameise, du Faulenzer, betrachte ihr Verhalten und werde weise! Sie hat keinen Meister, keinen Aufseher und Gebieter, und doch sorgt sie im Sommer für Futter, sammelt sich zur Erntezeit Vorrat« (Spr 6,6-8).

57 a **Mirjam** Nach Ex 2ff eine Prophetin, rettete das Leben ihres Bruders Mose (Ex 2,4-8), stritt auf der Wüstenwanderung mit Mose um dessen Führungsrolle und wurde deshalb von Gott mit Aussatz bestraft. Erst auf das Gebet von Mose konnte sie wieder in die Gemeinschaft zurückkehren.

58 d **Samuel** Da Saul von Gott verstoßen wurde, sollte Samuel einen neuen König suchen und fand in der Stadt Betlehem den jüngsten Sohn von Isai, David, einen Hirtenjungen, vor, den er vor den Augen der Familie zum König salbte (vgl. 1 Sam 16, 13).

59 c **an seinen langen Haaren** Abschalom hieß der Sohn von Davids Frau Maacha, der Tochter des Königs Talmai von Geschur. Er lehnte sich allerdings schon früh gegen David auf und wurde entgegen dessen Befehl getötet, als Davids Soldaten ihn fanden, weil er mit seinen langen Haaren an einem Baum hängen geblieben war.

60 c **Weisheit** Gott gefiel dieser Wunsch (wörtlich: Verleih daher

deinem Knecht ein hörendes Herz, damit er dein Volk zu regieren und das Gute vom Bösen zu unterscheiden versteht (vgl. 1. Kön 3, 5ff), und er gab ihm das andere noch dazu. Salomo war für seine Weisheit weit über die Landesgrenzen berühmt.

61 a **Beerscheba** Brunnen der Sieben, Schwurbrunnen, Ort in der Negeb-Wüste. Nach Gen 21,22-32 hatte Abimelech den Brunnen besetzt, der Abraham gehörte. Um den Streit zu schlichen, schlossen sie einen Bund. Der Ort und er wird im Alten Testament öfter erwähnt (z. B. Am 5,5), in der Richterzeit wird er zur Stadt.

62 c **Mamre** Ein Baumheiligtum (die drei Eichen von Mamre) in der Nähe von Hebron, wo drei Männer Abraham und Sara ankündigten, dass sie einen Sohn bekommen sollten (Gen 18).

63 a **zwölf** Die zwölf kleinen Proheten sind: Hosea, Joel, Amos, Obadja, Jona, Micha, Nahum, Habbakuk, Zefanja, Haggai, Sacharja und Maleachi.

64 a **Josua** war zunächst der Diener Moses, dann Kundschafter und schließlich wurde er von Mose zum Heerführer und Landverteiler, praktisch also zum Nachfolger bestimmt. Vgl. Dtn 31 und das Buch Josua.

65 b **Hanna** Sie war die Frau des Elkana, bekam aber keine Kinder, so dass ihr die andere Frau Elkanas, Peninna, die fruchtbar war, das Leben schwer machte. Hanna ging ins Heiligtum von Schilo, betetete um einen Sohn und gelobte, diesen dem Herrn zu weihen. Der Priester Eli hörte sie und versicherte ihr, dass sie erhört würde. Tatsächlich gebar sie Samuel und brachte ihn mit drei Jahren zu Eli, wo er zum Priester und Propheten heranwuchs (1 Sam 2ff).

66 b **Debora** war vor allem Prophetin, Richterin und Dichterin, war aber so bedeutend, dass sie auch militärische Aufgaben wahrnahm. Gemeinsam mit Barak, dem sie einen Schlachtplan vorlegte, gewann sie eine Schlacht gegen die vom Feldherrn Sisera geführten Truppen des Königs Jabin. Der Sieg leitete den Niedergang des Einflusses der Kanaaniter ein (Ri 4-5).

67 a **Nehemia** häräisch: »Jahwe tröstet«. Jüdischer Reformer im 5. Jh. v. Chr. Als persischer Kommissar in Jerusalem gewann er die Mehrheit der Juden für seine Aufbau- und Reformpläne. Trotz erheblichen Widerstandes

der nichtjüdischen Kolonisten und der persischen Amtsstellen stellte er die Stadtmauer in kürzester Zeit wieder her. Im gleichnamigen Buch wird die Geschichte beschrieben. Das Buch gehört zu den Geschichtsbüchern des Volkes Israel.

68 b **Susa** war die Sommerresidenz des persischen Königs Xerxes. Dort spielt sich das Geschehen des Buches Ester ab.

69 a **Schilo** Nach 1 Sam 4ff holte David die Bundeslade mit den Gesetzestafeln nach Jerusalem, weil er diese Stadt befestigt und zu seiner Hauptstadt gemacht hatte.

70 d **Lied der Mirjam** Aufgeschrieben in Ex 15,21: »Singt dem Herrn ein Lied, denn er ist hoch und erhaben! Rosse und Wagen warf er in Meer.« Es ist das älteste Textzeugnis über den Auszug der Israeliten aus Ägypten.

1 b **Gold, Weihrauch und Myrrhe** Die Geschichte der Weisen aus dem Morgenland (Mt 2,1-12) weist darauf hin, dass auch die Nichtjuden an der Erlösung durch Jesus teilhaftig werden können. Die Geschenke bedeuten: Gold: Königszeichen, Weihrauch: Symbol für das Priestertum, Myrrhe: Symbol für den Schmerz, den Jesus am Kreuz erleiden muss.

2 c **Nazaret** Nach Lk 1, 26-27 stammten die Eltern Jesu – Maria und Josef – aus Nazaret in Galiläa. Nach der Reinigung im Tempel zogen sie wieder nach Nazaret zurück (Lk 2, 39).

3 b **weil in der Herberge kein Platz mehr war** Nach Lk 2, 7 fanden Maria und Josef, wohl aufgrund der Volkszählung, keinen Platz in einer Herberge. Der theologische Hintergrund ist die Erniedrigung des Messias, der für die Armen und Hilfsbedürftigen gekommen ist.

4 a **Zimmermann** Nach Mk 6,3 war Jesus Zimmermann, und man schließt daraus, dass auch Josef diesen Beruf ausgeübt hatte, da die Söhne meistens den Beruf des Vaters lernten.

5 b **See Gennesaret** Der Name bedeutet »Fürstengarten«. Der See ist unter verschiedenen Namen und Schreibweisen bekannt: Galiläisches Meer, See Tiberias, See Kinneret, See Gennesaret). Er ist 21 km lang und bis zu 14 km breit. Er war schon in prähistorischer Zeit wegen seines fruchtbaren Umlandes und des Fischreichtums ein beliebter Siedlungsort. Jesu Wirken ist eng mit dem See verbunden (Speisung der 5000, Bergpredigt, Stillung des Seesturms, der wunderbare Fischfang usw.)

6 c **Petrus** Nach Mt 14, 22 fuhren die Jünger auf den See Gennesaret, während Jesus noch auf dem Berg betete. Dann kam er ihnen auf dem Wasser entgegen, worauf sie dachten, er sei ein Gespenst. Petrus wollte Jesus entgegengehen, aber er versank beinahe, da er Angst bekam.

7 a **mit einem Senfkorn** Nach Mk 4, 30 erzählte er seinen Jüngern das Gleichnis vom Senfkorn, welches das kleinste unter den Samenkörnern ist, aber zu einem Gewächs heranreift.

8 a **das Krähen eines Hahnes** Nach Joh 18, 12ff folgte Petrus mit einem anderen Jünger Jesus bei dessen Gefangennahme. Im Hof des hohenpriesterlichen Palastes wird Petrus erkannt und befragt, aber er leugnet dreimal, dass er Jesus kennt. Darauf hört er einen Hahn krähen und erinnert sich daran, dass Jesus das vorausgesagt hat.

9 a **Lampen** Nach Mt 25,1ff trugen die zehn Jungfrauen Lampen, aber nur die fünf klugen nahmen auch Öl mit, so dass die Lampen, als der Bräutigam dann verspätet kommt, auch brennen. Damit weist Jesus darauf hin, dass die Christen in ihrem Glauben wachsam sein sollen.

10 b **der Vorhang im Tempel** Nach Mt 27,50 riss der Vorhang im Tempel, der das Allerheiligste im herodianischen Tempel von den übrigen Bereichen abtrennte. Allerdings war das Allerheiligste nach der Zerstörung durch die Babylonier leer: Die Bundeslade und die Cherubimfiguren waren verloren gegangen. Die Christen deuten dies so, dass durch Jesu Tod der Zugang zum »Allerheiligsten«, zu Gott selbst für alle Menschen offensteht.

11 b **Kaiser Augustus** Nach Lk 2, 1 erließ der Kaiser Augustus den Befehl, dass sich die Bewohner Palästinas in Steuerlisten eintragen ließen. Das diente einerseits dazu, die Steuerschlupflöcher zu stopfen, andererseits dazu, gefährliche Aufrührer zu enttarnen. Es gab nachweislich solche Steuerschätzungen, obwohl es exakt zu dieser Zeit nicht nachweisbar ist.

12 b **Abba** Jesus drückt die vertraute Beziehung zu seinem Vater – Gott – in dem aramäischen Begriff aus, der im deutschen Papa oder Vati übersetzt werden müsste. Dreimal kommt der Name im Neuen Testament vor, z. B. in der Stunde der höchsten Not im Garten Getsemani (Mk 14,36) verwendet Jesus diese Anrede.

13 b **Augustus** Der Name bedeutet »Der Erhabene« (von lat. augustus = erhaben, heilig). Erstmals ließ sich Gaius Octavius (Octavian) mit diesem Titel anreden. 63 v. Chr. geboren, wurde er von seinem Onkel Julius Cäsar adoptiert und 44 v. Chr. der alleinige Herrscher des Römischen Reiches. Er ließ den Provinzverwaltungen weithin freie Hand und bewirkte die »Pax Romana«, eine Zeit von relativem Frieden und Sicherheit. Er starb 14 n. Chr. und wurde vom Senat nach seinem Tod in den Rang eines Gottes erhoben.

14 a **Lazarus** Nach Joh 11f. war Lazarus schon vier Tage tot, und es bestand keine Hoffnung mehr. Jesus wollte aber, dass die

Menge an Gottes Macht glaubt, und erweckte Lazarus zum Leben. Daraufhin fürchtete der Hohe Rat die Macht Jesu so sehr, dass sie seinen Tod beschlossen.

15 b **Schweine** Nach der bekannten Geschichte in Lk 15,11-32 musste der Sohn Schweine hüten und hätte gerne von deren Futter gegessen. Schweine waren unreine Tiere; der Name wurde und wird als einer der schlimmsten Schimpfworte gebraucht.

16 a **ein Samariter** Nach Lk 10,25-37 soll das Gleichnis zeigen, dass es nicht auf die Person und die Stellung ankommt (Priester und Levit gehen an dem Verletzten vorbei), sondern auf die praktische Hilfe, die ein – sonst in Israel verachteter – Samariter leistet.

17 a **Hosanna** Ursprüngliche Bedeutung von »Hosanna«: Bring doch Hilfe! Die Menschen erwarteten den Messias, und viele sahen ihn in Jesus. Deshalb wurde er mit diesem Ruf begrüßt, und die Menschen warfen Palmwedel auf die Straße, was ein Zeichen für den König bedeutete.

18 c **die Händler** Nach Mk 11,15-19 vertrieb Jesus Händler und Geldwechsler aus dem Tempel, welche Opfertiere verkauften und heidnisches Geld für Opfergaben wechselten. Jesus sah das Haus seines Vaters dadurch entweiht (vgl. auch Mt 21,12f; Lk 19,45-48; Joh 2,13-16).

19 c **Rabbi** ist das hebräische Wort für »Herr«, auch übersetzt als »Meister«. Der Rabbi ist der Schriftgelehrte und später auch der Leiter der jüdischen Kultusgemeinde.

20 d **Zimmermann** Vgl. Mk 6,3. Danach war der Pflegevater von Jesus, Josef, ein Zimmermann, und man geht davon aus, dass der Sohn den gleichen Beruf erlernt und ausgeübt hat.

21 c **Fürchtet euch nicht** Nach Lk 2, 10 erschien zunächst ein Engel den Hirten und verkündete die Botschaft der Geburt, dann war bei dem Engel »ein großes himmlisches Heer«, welches Gott lobte.

22 b **wegen der Verfolgung durch Herodes** Durch die Sterndeuter hatte Herodes erfahren, dass ein König in Betlehem geboren sei. Da er Angst hatte, seine Macht zu verlieren, ließ er alle Knaben bis zum Alter von 2 Jahren in Betlehem und Umgebung umbringen. Josef war aber zuvor ein Engel erschienen, der ihm

auftrug, mit Frau und Kind nach Ägypten zu fliehen. (Vgl. Mt 2, 16ff.)

23 b **...Brot wird«** Der Teufel will Jesus in Versuchung führen, aber Jesus kann dieser widerstehen. Jesus sagt daraufhin: »Der Mensch lebt nicht nur von Brot, sondern von jedem Wort, das aus Gottes Mund kommt.« (Mt 4, 4)

24 a **bei der Hochzeit in Kana** Jesus verwandelt, als der Wein auf der Hochzeit zur Neige geht, auf Geheiß seiner Mutter Maria, Wasser in Wein.

25 d **Mammon** wahrscheinlich von hebräisch »Gesichertes«. Wird von Jesus abwertend für die Orientierung auf Besitz und Reichtum gebraucht, z. B. Ihr könnt nicht beiden dienen, Gott und dem Mammon (Lk 16, 13).

26 b **Pontius Pilatus** Der römische Präfekt war der oberste Herrscher in Judäa, welches als römische Provinz direkt dem Kaiser unterstellt war. Auf Veranlassung und Druck durch den Hohen Rat der Juden erteilte er den Befehl zur Kreuzigung Jesu, ohne von dessen Schuld überzeugt zu sein.

27 a **Schädelhöhe** aramäisch gulgatha, hebr. gulgoleth = Schädel. Die frühen Christen lokalisierten die Stelle westlich des Stadtgebietes, die Römer bauten später dort einen Tempel. Kaiser Konstantin ließ um 326 die große Grabeskirche bauen, die später mehrfach zerstört und wieder aufgebaut wurde. Die Kreuzritter erbauten 1144 auf deren Mauern die heutige Grabeskirche, deren Renovierung immer noch andauert.

28 a **Johannes** Im Johannesevangelium wird er als Lieblingsjünger Jesu bezeichnet, und es wird berichtet, dass er unter dem Kreuz steht, als Jesus stirbt. Jesus vertraut ihm seine Mutter an: »Siehe deine Mutter...«

29 b **Ephesus** Die Stadt liegt in Kleinasien, in der heutigen Türkei und ist durch die Missionsreisen des Paulus bekannt. Paulus lebte fast drei Jahre dort und gründete eine aktive Gemeinde.

30 a **Getsemani** Ein Garten am Ölberg, östlich des Tempelbergs gelegen, über dem Kidrontal. Ein Ort, an dem Jesus in der Passionswoche übernachtet und gebetet hat (Lk 21, 37; Mt 26, 30ff). Warum die Tempelpolizei Jesus dort festnahm, und aus welchem Grund Judas den Verrat vornahm, ist umstritten.

31 b **Lukas** Die bekannte Weihnachtsgeschichte findet sich nur hier. Ihre theologische Bedeutung beruht darauf, dass Jesus in eine Linie mit König David gestellt und als Gottessohn gekennzeichnet wird (Lk 2, 1-20).

32 b **Galiläa** Durch die Jahrtausende von verschiedenen Völkern besiedelt: Kanaanitern, Assyrern, Juden, Griechen, Phöniziern. Zur Zeit, als Josef und Maria mit Jesus in Nazaret wohnten, war es ein Teilgebiet des von Rom abhängigen Königs Herodes Antipas. Jesus hielt wichtige Predigten und Wunder in diesem Gebiet (Bergpredigt, Hochzeit in Kana) und erschien nach seiner Auferstehung den Jüngern.

33 b **Jakobus und Johannes,** die Söhne des Zebedäus (Mt 4, 18ff), waren das zweite Brüderpaar bei den Aposteln, das erste war Simon (Petrus) und Andreas.

34 b **Fels** aram. Kefa, griech. petros, lat. petrus. Ursprünglich hieß Petrus Simon und war Fischer am See Gennesaret. Er war der impulsive Wortführer der Apostel. Weil Petrus aber trotz mancher Schwächen unbeirrt an die Göttlichkeit Jesu glaubt, beruft dieser ihn zum Leiter der Gemeinde (»Fels«) und Schlüsselverwalter des Himmels (Mt 16, 18).

35 b **Barabbas,** »Sohn des Abbas«, war ein Räuber (Joh 18, 40) oder Aufrührer (Mk 15, 7) und gehörte wahrscheinlich den Zeloten an, einer jüdischen Gruppierung, die die römische Besatzungsmacht bekämpften. Die Hohenpriester hielten aber Jesus für gefährlicher und manipulierten die Menge, die Freilassung von Barabbas zu fordern, um die Kreuzigung Jesu zu ermöglichen.

36 c **zum dem einen Verbrecher am Kreuz** Der eine Verbrecher verhöhnt Jesus, der andere jedoch bereut seine Sünden und glaubt, dass Jesus unschuldig verurteilt worden ist. Er bittet um Jesu Hilfe. Jesus antwortete ihm: Amen, ich sage dir: Heute noch wirst du mit mir im Paradies sein. (Vgl. Lk 23,43.)

37 a **Lukas** Die Apostelgeschichte (Apg) ist in Stil und Theologie dem Lukasevangelium sehr ähnlich. Es beschreibt hauptsächlich die Missionsreisen des Paulus, an denen Lukas z. T. teilgenommen hat, und die Erlebnisse der ersten Christen in Jerusalem um Petrus und Jakobus. Im Mittelpunkt steht die Ausbreitung des Christentums und die Loslösung vom Judentum.

38 b **Kornelius** Nach Apg 10f sah Kornelius in einer Vision einen

Engel, der ihm die Erfüllung seines Wunsches, Gott zu dienen, in Aussicht stellte. Gleichzeitig träumte Petrus in Joppe, dass die Botschaft Gottes auch für Heiden bestimmt sei. Kornelius bat Petrus zu sich, und Petrus überzeugte sich vom wahren Glauben des Kornelius.

39 d **Tabita** aramäisch »Gazelle«. Nach Apg 9, 36-40 war sie eine wegen ihrer Mildtätigkeit bekannte Frau aus Joppe, das heute Jaffa heißt.

40 b **Apokalypse** Offenbarung des Johannes, letztes Buch des NT. Geschrieben wurde es gegen Ende der Regierungszeit des Kaisers Domitian (81-96), der die Christen verfolgte, da sie ihn nicht als Gott verehrten. Der Verfasser, der auf die Insel Patmos verbannt wurde, schreibt an die Gemeinden, indem er sie mit geheimnisvollen, z. T. aus dem AT entnommenen Bildern von der Offenbarung Gottes trösten und auf das himmlische Jerusalem hinweisen will.

41 a **Gabriel,** »Gott ist stark«, gilt als einer der Erzengel, erscheint schon dem Daniel (Dan 8, 15ff), um ihm eine Vision zu erklären. Verkündet den Ratschluss Gottes, seinen Sohn auf die Erde zu senden (Lk 1, 26ff), und kündigt auch die Geburt Johannes' des Täufers an (Lk 1, 11ff).

42 b **Simeon** Als Maria und Josef ihr Kind im Tempel nach jüdischem Brauch weihen, erkennt der greise Prophet Simeon Jesus als Messias (Lk 2, 25ff).

43 b **Zebedäus** Er war Fischer am See Gennesaret und war gerade dabei, mit seinen Söhnen die Netze zu richten, als Jesus die beiden zu seinen Jüngern beruft (vgl. Mt 4, 21).

44 a **Sie pflücken Getreideähren und essen die Körner.** Jesus wollte damit auf den Ursinn des Sabbats hinweisen: der Sabbat als Wohltat für den Menschen und nicht als eine Ansammlung von Verboten: »Der Sabbat ist für den Menschen da, nicht der Mensch für den Sabbat.« (Vgl. Mk 2, 23ff.)

45 b **Selig, die arm sind vor Gott...** In seiner berühmten Bergpredigt steht nur dieser Satz, der allerdings in der Fassung der Lutherbibel bekannter ist: »Selig sind, die da geistlich arm sind; denn ihrer ist das Himmelreich.« Jesus meint damit, dass man nicht gelehrt sein muss, um auf das Wort Gottes zu hören und danach zu leben.

46 a **Feigenbaum** Jesus wollte den Jüngern zeigen, wie groß die

Kraft des Glaubens ist. (Vgl. Mk 11,13ff und Mt 21,20ff.)

47 d **Jakobsbrunnen** Der Brunnen liegt in der Landschaft Samarien, auf dem Weg von Judäa nach Galiläa. Die Bewohner des Landstriches glaubten ebenfalls an Jahwe, wurden aber von den übrigen Juden nicht als echte Gläubige angesehen und deshalb gemieden. Deshalb war die Unterhaltung Jesu mit der Frau doppelt ungewöhnlich: erstens sprach man als Jude nicht mit einer fremden Frau und zweitens nicht mit Samaritern.

48 d **Betanien** Ein Dorf ca. 3 km südöstlich von Jerusalem, am Ölberg. Hier wohnten Maria und Marta, dessen Bruder Lazarus war. Hier wurde Jesus im Haus des Simon gesalbt (Mt 26, 6ff), und hier war auch der Ort, von dem Jesus nach Jerusalem einzog (Lk 19, 29).

49 d **Mose** Nach Lk 9, 30 steigt Jesus mit Petrus, Johannes und Jakobus auf einen Berg um zu beten. Dort verwandelt er sich in eine helle Lichtgestalt, es erscheinen ihm Mose und Elija und es kommt zur Begegnung mit Gott-Vater, der aus einer Wolke auf seinen Sohn hinweist. Der Zusammenhang mit Mose besteht darin, dass Jesus als Erfüller und Vollender des mosaischen Gesetzes angesehen wird.

50 c **Areopag** Der Areshügel (Marshügel) war in Athen der Treffpunkt des Gerichtshofes, aber auch Diskussionsort für politische und religiöse Fragen. Paulus hielt dort seine Rede (Apg 17, 16-31), bekam aber wenig Resonanz.

51 b **Jesaja** Nach Lk 4, 16 versucht Jesus die Menschen in seiner Heimatstadt auf seine Sendung hinzuweisen. Er verwendet dabei die Worte aus Jes 61,1f. Allerdings »gilt der Prophet in seinem Heimatlande nichts«. Da die Menschen Jesus von Kind an kennen, können sie nicht glauben, dass er der Messias ist, und wollen ihn töten.

52 c **ein Apostel** wird im Neuen Testament als Apostel erwähnt (Lk 6, 14; Mt 10, 3; Mk 3, 18). Bei Johannes wird stattdessen ein Natanaël erwähnt, was vielleicht der ursprüngliche Name war. In der Tradition wird er als Missionar in Armenien, Indien, Persien und Phrygien erwähnt.

53 b **einer** Einer der geheilten Aussätzigen kehrte um und dankte Jesus. Der Mann war zudem aus Samarien, also gehörte er zu einem Volk, welches von

den Juden als ungläubig angesehen wurde (vgl. Lk 17, 12).

54 a **bei der Bergpredigt** Nach Mt 7, 12 und Lk 6, 31 verkündet Jesu seinen Jüngern die grundlegenden Regeln seiner Lehre. Dabei predigt er auch die »Goldene Regel«, die darauf hinweist, dass alle Menschen Kinder Gottes sind und deshalb respektiert werden müssen, so wie man das selbst auch erwartet. Die Goldene Regel existiert auch in anderen Religionen und wurde von Kant als »Kategorischer Imperativ« für die Philosophie aufgegriffen.

55 c **Nardenöl** Der Nardenstrauch ist in Indien beheimatet und eine dem Lavendel ähnliche Pflanze. Aus diesem Baum wurde das wertvolle Salböl hergestellt. Die Frau gibt übrigens ein Vermögen bei der Salbung aus, da das Nardenöl extrem teuer war. (Vgl. Mk 14,3ff.)

56 b **Tabor** Im Evangelium (Mt 17, 1-8) wird der Name des Berges nicht erwähnt. Schon seit früher Zeit wurden aber Kirchen auf dem Berg Tabor zum Gedenken an die Verklärung gebaut. Tabor spielt auch im AT als heiliger Berg eine Rolle, z. B. bei der Schlacht gegen die Kanaaniter unter Debora (Ri 4ff).

57 d **Malchus** Der Name wird nur in Joh 18, 10 genannt. Malchus, hebräisch mäläk = königlich, wird zwar als Knecht bezeichnet, bedeutet aber eine hohe Stellung, nämlich die des stellvertretenden Vorsitzenden der Tempelverwaltung.

58 b **Cäsarea** Auch Cäsarea Maritima genannt – Kaiserstadt am Meer –, um sie von anderen Städten gleichen Namens zu unterscheiden (z. B. Cäsarea Philippi). Sie war lange Zeit die Hauptstadt der römischen Provinz Judäa. Deshalb wurde auch der Prozess gegen Paulus hier durchgeführt (Apg 23, 33ff), und er saß hier im Gefängnis (Apg 24, 27). Später war die Stadt ein Zentrum der Kirche mit einer bedeutenden Bibliothek, die Kirchenväter Origines und Eusebius wirkten hier. Hieronymus schreibt, dass er das hebräische Original des Matthäusevangeliums dort gesehen habe.

59 c **Eutychus** Nach Apg 20, 9-12 hielt Paulus nachts in Troas eine lange Predigt. Der Jüngling, der in einer Fensternische saß, schlief ein, stürzte drei Stockwerke hinunter und war sofort tot. Paulus erweckte ihn wieder zum Leben.

60 c **von Simon dem Zauberer,** auch Simon Magus genannt. Nach Apg 8, 9f war er ein Zauberer aus Samarien und kam durch Philippus zum Glauben. Er bot dann aber den Aposteln Geld an, um ebenfalls die Kraft zur Spendung des Heiligen Geistes zu erlangen.

61 b **Betsaida** Nach Joh 1,44 war Philippus aus Betsaida, dem Heimatort des Andreas und Petrus.

62 b **das Kidrontal** Das alte Jerusalem mit dem Tempelberg ist von drei Tälern umgeben, auf der Ostseite liegt das Kidrontal, welches Jerusalem vom Ölberg trennt. Das Jordantal liegt allerdings nicht in Jerusalem.

63 c **Matthias** Nach Apg 1, 15ff wurde zwischen den beiden Jüngern Josef, genannt Barsabbas, mit dem Beinamen Justus, und Matthias, die beide schon von Anfang an zu den Begleitern Jesu gehörten, das Los geworfen, welches auf Matthias fiel. Paulus wird zwar auch Apostel genannt, aber eher wegen seiner großen Bedeutung bei der Ausbreitung des Glaubens unter den damaligen Heiden (»Völkerapostel«).

64 a **Ephesus** Nach dem Tode des Königs Attalus III. fielen die Gebiete der heutigen Türkei, damals Provinz Asien, später Kleinasien genannt, an die Römer (129 v. Chr.). Kaiser Augustus erhob Ephesus zur Hauptstadt der Provinz, die von einem Prokonsul regiert wurde. Paulus blieb auf seiner dritten Missionsreise zwei Jahre lang in Ephesus, wo er eine lebendige Gemeinde gründete (Apg 19, 1ff).

65 b **Äthiopien** Der Kämmerer (Schatzmeister) der äthiopischen Königin (Kandake) weilt in Jerusalem, um zu beten und den Tempel anzusehen. Aber er versteht die Schriften nicht. Philippus bekommt von Gott den Auftrag, dem Kämmerer zu folgen und ihm die Schrift (Jesaja) auszulegen. Er bekehrt jenen und tauft ihn (Apg 8, 26ff).

66 b **Damaskus** Paulus (damals noch Saulus genannt) versuchte mit Eifer nach seiner Bekehrung den Juden von Damaskus zu erklären, dass Jesus der Messias sei. Dadurch zog er den Zorn jener auf sich, und sie beschlossen, ihn zu töten. Mit Hilfe seiner Anhänger entkam er auf beschriebene Weise und floh nach Jerusalem. (Vgl. Apg 9, 25.)

67 a **Eunike** Gläubige Christin, Tochter der Lois, aus Lystra. Erwähnt in Apg 16, 1 und 2 Tim 1, 5)

68 a **Demetrius** (der Göttin Demeter geweiht) Weil die Schmiede kleine silberne Tempel der Göttin Artemis anfertigten, hatten sie Angst, dass der Glaube an Christus, den Paulus predigte, ihr Geschäft zerstören könnte. Deshalb versuchten sie die Christen zu vertreiben (Apg 19, 21-40).

69 c **Jaïrus** Nach Mk 5, 21-43 kam der Mann zu Jesus, weil seine Tochter im Sterben lag. Als sie im Haus ankamen, war das Mädchen schon gestorben. Jesus aber erweckt sie zum Leben mit den berühmten Worten »Talita kum!« – Mädchen, ich sage dir, steh auf!

70 c **Malta** Apg 25, 13: Paulus war in Cäsarea in Gefangenschaft, konnte aber als römischer Bürger verlangen, vom Kaiser in Rom angehört zu werden. Auf dem Weg dahin erlitt er Schiffbruch und hielt sich einige Zeit in Malta auf.

1 b **am Samstag** Der siebente Tag der Woche ist für die Juden Ruhetag – Sabbat (Ex 31, 12-17). Die Christen verlegten den Ruhetag auf den ersten Tag der Woche (Sonntag), um die Auferstehung Jesu Christi zu feiern.

2 c **Synagoge** Die Synagoge wird vor allem zum Gottesdienst genutzt. Sie dient aber auch für das Tora-Studium, für Veranstaltungen und für Feiern.

3 b **Klagemauer** Der Teil des Tempels, der unter Herodes des Großen gebaut wurde und heute für die Juden zugänglich ist. Dort verrichten gläubige Juden ihre Gebete und bringen ihre Bitten in Form von Zetteln hin, die sie in die Fugen der Mauer stecken. Der übrige Teil des Tempels ist von den Römern 70 n. Chr. zerstört worden.

4 a **Chanukka** Unter Judas Makkabäus wurde im Jahr 164 v. Chr. der zweite Tempel eingeweiht. Zuvor hatten die Seleukiden den Tempel entweiht, worauf es zum Makkabäer-Aufstand kam (1 Makk 1, 15-28). Das Chanukkafest dauert acht Tage, wobei an jedem Tag eine Kerze mehr am achtarmigen Chanukka-Leuchter (nicht zu verwechseln mit dem siebenarmigen Leuchter, der Menora) angezündet wird. Heute ist es ein Kinderfest, an dem in Anlehnung an Weihnachten Geschenke verteilt werden.

5 c **Großbritannien** Mit arabischer Unterstützung hatten die Briten 1917 Palästina erobert, das zuvor zum Osmanischen Reich gehörte. Ab 1922 verwaltete Großbritannien Palästina als Mandat des Völkerbundes. Der Teilungsplan der UNO sah 1947 einen jüdischen und einen arabischen Staat vor.

6 d **Vorübergang** Das Paschafest (hebräisch: Pessach) erinnert an den Auszug aus Ägypten (Ex 12), wobei Gott alle Erstgeborenen an Mensch und Vieh bei den Ägyptern erschlug, aber die Israeliten verschonte, die mit dem Blut eines geschlachteten Lammes zu ihrem Schutz ein Zeichen an die Türpfosten zeichneten. Verbunden mit dem Paschafest ist das Fest der ungesäuerten Brote, welches sich auf die mitgenommene Nahrung beim Auszug aus Ägypten bezieht.

7 c **am achten** Die Brit mila (Bund der Beschneidung) ist schon ein sehr alter Brauch (Gen 17). Dabei wird die Vorhaut des Penis abgeschnitten. Es dient als Zeichen der Zugehörigkeit zu Gott und wird meist vom

Beschneider (Mohel) vorgenommen.

8 b **Kommentar zu Tora und Mischna** Der Talmud versammelt Kommentare und Auslegungen zu Gesetzen aus der Tora und der Mischna sowie Gleichnisse, Anekdoten und Kommentare. Der babylonische Talmud umfasst ca. 12 000 DIN A4-Seiten.

9 c **Kippa** Diese geht auf die Bibelstelle zurück, als dem Mose Gott im Dornbusch erschien: »Da verhüllte Mose sein Gesicht, denn er fürchtete sich, Gott anzuschauen.« (Ex 3,6) Aber auch in Ex 28, 4 wird eine Kopfbedeckung für Priester während des Tempeldienstes bezeugt. Sie soll die Ehrfurcht vor Gott ausdrücken.

10 a **Nisan** Die jüdischen Monate richten sich nach dem Mond und dauern zwischen 29 und 30 Tage. Nach der Tora beginnt die Zählung der Monate mit Nisan, da in diesem Monat der Auszug aus Ägypten begangen wird. Nisan ist Mitte März bis Mitte April. Das Neujahrsfest ist sieben Monate zuvor, am 1. Tischri, dem Geburtstag des Menschen.

11 a **Tel Aviv** Mit ca. 400 000 Einwohnern die größte Stadt. In der Nähe der alten Hafenstadt Yafo (Jaffa), in der die meisten jüdischen Einwanderer in Palästina ankamen, gründeten 1909 die Neuansiedler eine Vorstadt und benannten diese 1910 nach einem Vorschlag von N. Sokol um in: »Frühlingshügel«. Es ist die internationale Metropole Israels, hier befinden sich der Flughafen, ein langer Strand und viele Botschaften.

12 d **Kibbuz** Im Kibbuz, in dem zwischen 40 und 500 Personen leben, gehört das Land allen. Man lebt in Großfamilien zusammen. Jeder hilft nach seinen Fähigkeiten beim Aufbau der Siedlung, alles Nötige wird zur Verfügung gestellt. Heute gibt es auch abgewandelte Formen, z. B. den Moschav, in dem Familien mit Privatbesitz leben und nur Einkauf, Verkauf und Kreditgeschäfte gemeinsam abgewickelt werden.

13 a **Yad Vashem** Die Gedenkstätte wurde 1947 in Jerusalem eröffnet und dient dem Gedenken an die ca. 6 Millionen durch die Nationalsozialisten ermordeten Juden, aber auch an die aufgelösten und zerstörten jüdischen Gemeinden, an Tapferkeit und Heldentum der Soldaten, Untergrundkämpfern und Gefangenen und an die Gerechten unter den Völkern, die für die Rettung von Juden ihr Leben aufs Spiel gesetzt haben.

14 a **Bar Mizwa** Mit 13 Jahren werden die Jungen vor dem Gesetz mündig und vollwertige Mitglieder der jüdischen Gemeinde. Sie dürfen selbstständig in der Synagoge die Tora lesen und auslegen, und es gibt ein großes Familienfest.

15 b **ungesäuertes Brot** Dieses Brot wird zum Pascha-Fest zubereitet, als Erinnerung an die Nahrung, die die Israeliten für den Auszug aus Ägypten mitnahmen. Ungesäuertes Brot verdirbt nicht so schnell. Am Vorabend des Pascha-Festes wird die Wohnung symbolisch ausgekehrt, damit kein Überrest des Sauerteiges im Hause verbleibt und das Pascha-Fest ganz neu begangen werden kann.

16 c **Zaddik** Der Chassidismus betonte ab der Mitte des 18. Jahrhunderts gegenüber dem sehr gelehrten Tora-Judentum mehr die emotionale Seite der Religion durch Tanz, Lieder und Wunderglauben. Entstanden vor allem in den jüdischen Gebieten der Ukraine.

17 b **Elohim** »Oberster Richter« Da der Name Gottes von strenggläubigen Juden aus Ehrfurcht nicht ausgesprochen oder geschrieben – außer in Tora und in »koscheren« Schriften – wird, behilft man sich mit Umschreibungen (andere Bezeichnung ist »Adonaj«).

18 a **Hatikva** Dieses Lied, d.h. die Hoffnung, ist schon seit 1907 das »Nationallied« der zionistischen Bewegung. Entstanden ist Hatikvah nach einer Dichtung von Naphtali Herz Imber (geb. 1856, gest.1909) und einer aus alt- u. neu-hebräischen Volksliedelementen zusammengesetzten Weise (die auch Samuel Cohen oder Nissan Belzer zugeschrieben wird). Die Anfangstakte sind mit Smetanas »Moldau« identisch, was auch auf ein Volkslied zurückgeht.

19 b **David Ben Gurion** Er wurde 1886 im russisch-polnischen Plonsk als David Gruen geboren, unterstützte früh den Zionismus (Gedanken der Auswanderung nach Palästina). 1906 kommt er in Palästina an, engagiert sich für den jüdischen Staat in Palästina. Am 14. Mai 1948 ruft er auf der Grundlage der UN-Erklärung den Staat Israel aus. Im gleichen Jahr nimmt er das Angebot von Konrad Adenauer, seitens der Bundesrepublik Deutschland Reparationszahlungen zu leisten,

an. Er ist Ministerpräsident von 1948-53 und von 1955-63. Er stirbt 1973.

20 c **das Tote Meer** Es liegt ca. 400 m unter dem Meeresspiegel und ist damit der tiefstgelegene Punkt der Erde auf dem Festland. In das Tote Meer mündet der Jordan, ohne dass es einen Abfluss hat. Das Wasser verdunstet, das Meer ist deswegen stark salzhaltig. Der Wasserspiegel sinkt immer stärker, da Wasser aus dem Jordan für Bewässerung abgezweigt wird.

21 a **Israels Wüstenwanderung** hebräisch: Sukkot. Es ist auch ein altes Erntefest: »Fest der Lese«. Man soll sieben Tage in einer Hütte aus Zweigen wohnen, und es sollen Dankesgaben dargebracht werden: Zitrusfrüchte, Palmzweige, Myrtenzweige und Bachweiden (woraus auch die Hütten gebaut werden sollten).

22 d **Mischna** In der rabbinischen Überlieferung wurde davon ausgegangen, dass Mose nicht alle Gesetze niedergeschrieben hat, sondern viele auch mündlich überlieferte, besonders Feiertagsordnungen, Rechtsverordnungen und Reinheitsvorschriften. Diese mündlichen Überlieferungen wurden später in der Zeit des zweiten Tempels bis ins 2. Jh. n. Chr. aufgeschrieben.

23 b **Sanhedrin** aus dem Griech. = synedrion, nur in er römischen Zeit (1. Jh. v. Chr.) übliche höchste politische, religiöse und juristische Instanz. Vorläufer reichen allerdings bis in die persische Zeit zurück (Gerusia – Rat der Ältesten). 70 Männer (Älteste) unter dem Vorsitz des Hohenpriesters wachten über die Ordnung im Land, konnten aber unter den Römern keine Todesurteile fällen (siehe Prozess gegen Jesus).

24 c **Tora** Die ersten fünf Bücher Mose, auch Pentateuch genannt. Die orthodoxen Juden sind der Auffassung, dass die Tora auf Mose zurückgeht. Die liberalen Juden folgen der modernen Textkritik, die mehrere Quellen und Autoren für die Tora annimmt. Die Tora wird am Sabbat fortlaufend gelesen.

25 b **Jüdische Allgemeine** Seit 1999 hat die älteste jüdische Zeitung in Deutschland ihre Redaktionsräume im Leo-Baeck-Haus in der Berliner Tucholsky-Straße. Das Blatt steht in der Tradition der 1837 gegründeten »Allgemeinen Zeitung des Judenthums«, die 1922 in der »CV-Zeitung« aufging.

26 b **Ner olam** Sie verweist auf die besondere Nähe Gottes und besitzt meist eine rötliche Tönung. Sie geht zurück auf die Stelle in 1 Sam 3, 3: »Die Lampe Gottes war noch nicht erloschen und Samuel schlief im Tempel des Herrn, wo die Lade Gottes stand.«

27 c **Jom Kippur** Am höchsten Feiertag der Juden – gefeiert am 10. Tischri (Ende September) – steht die Aussöhnung und die Entsündigung des Menschen im Mittelpunkt. Nach den zehn Bußtagen nach Neujahr versöhnt man sich mit seinem Gegner, bittet die Familie um Vergebung und fastet. Früher wurde an diesem Tag der »Sündenbock« in die Wüste getrieben, auf den durch den Hohenpriester die Verfehlungen des ganzen Volkes übertragen wurde (Lev 16, 22).

28 c **mit der Erschaffung der Welt** Der jüdische Kalender beginnt nach einer Berechnung aus der Tora 3760 v. Chr. Das Jahr 2004 wäre also das Jahr 5764 im jüdischen Kalender (bis September, weil da das neue jüdische Jahr beginnt).

29 c **Rabbinerausbildung** Die Hochschule für jüdische Studien in Heidelberg wurde 1979 gegründet, um die Erforschung und das Studium der jüdischen Kultur, Geschichte und Religion in Deutschland zu erneuern.

30 a **Zeremonie an den Pascha-Abenden** An den beiden ersten Pascha-Abenden steht im Mittelpunkt die Verlesung und Erläuterung der Haggada, des Berichtes über den Auszug der Israeliten aus Ägypten. Dazu ist eine bestimmte Speisefolge vorgeschrieben.

31 c **Pessach** oder Paschafest. Das achttägige Fest erinnert an den Auszug der Israeliten aus Ägypten (Ex 12).

32 b **Purim** Im jüdischen Kanon gehört das Buch Ester zu den fünf Festrollen (megillot) im »Schriften« genannten Teil. Es erzählt von der Jüdin Ester, der Adoptivtochter Mordechais, die vom persischen König Aerxes (Ahasveros) zur Frau genommen wird. Sie deckt eine Verschwörung des Ministers Haman gegen die Juden auf. Haman landet am Galgen und Mordechai wird Minister. Der Tag der Judenverfolgung wird zum Freudentag – Purim.

33 c **weil die Übersetzung von 72 Männern an 72 Tagen vorgenommen wurde** Nach der Legende

des Aristeasbriefes wünschte der ägyptische Herrscher Ptolemaios II. (282-246 v. Chr.) eine Übersetzung der hebräischen Bibel für seine Bibliothek in Alexandria. 72 Männer übersetzten jeder für sich in 72 Tagen die Bibel: Am Ende haben alle genau gleich übersetzt. Die Übersetzung, die nach genauer Textkritik von verschiedenen Übersetzern vorgenommen wurde, war aber vor allem für griechisch-sprechende Juden gedacht. Seit dem babylonischen Exil wurde Hebräisch nur noch in der Liturgie verwendet, man sprach Aramäisch oder Griechisch.

34 a **Cheder** Meist ab dem 4. Lebensjahr gehen die Kinder in die Schule, wo sie eine Vorschulerziehung genießen. Früher und in den Ländern außerhalb Israels lernten und lernen die männlichen Kinder (heute auch z. T. die weiblichen) die hebräische Sprache.

35 d **Bat Mizwa** Mädchen werden im Orient schon mit 12 Jahren als geschlechtsreif bezeichnet, deshalb auch in dieser Zeit die Feier der Religionsmündigkeit – »Tochter des Gesetzes«. In vielen modernen jüdischen Familien ist das Fest heute dem der Jungen, der Bar Mizwa, ebenbürtig.

36 c **September** Um den 20. September, am 1. und 2. des jüdischen Monats Tischri, feiert man das Rosch Ha-Schana (wörtlich: Kopf des Jahres). Mit diesem eher ernsten Feiertag werden die zehn Bußtage eröffnet, die mit dem Versöhnungstag schließen. Nach der Überlieferung gedenkt Gott an diesem Tag der Schöpfung und bestimmt deren Schicksal.

37 c **volkstümliche Musikkapelle** Bei den osteuropäischen Juden war Klesmer die Bezeichnung für eine volkstümliche Musikkapelle. Typische Instrumente einer Klesmer-Kapelle sind Cymbal, Geige, Flöte, Klarinette und Kontrabass.

38 d **613** Die Vielzahl von 613 Gebote (davon 248 positive und 356 negative) sind kennzeichnend für das innerjüdische Leben, insbesondere für die Unterscheidung zwischen rein und unrein bei Nahrung und bei den rituellen Waschungen. Hintergrund der Gebote ist die Abgrenzung zu den benachbarten Völkern und die Alleinstellung des auserwählten Volkes Gottes.

39 a **Sch'ma Israel** »Höre Israel! Jahwe, unser Gott, Jahwe ist

einzig« ist ein uraltes Gebet, und stellt das wichtigste Gebet der religiösen Juden dar. Es geht zurück auf drei Bibelstellen: Dtn 6, 4-9; Dtn 11, 13-21 und Num 15, 37-41.

40 c **Bibelübersetzung** Die Mehrheit der preußischen Juden sprach im 19. Jahrhundert Jiddisch. Mendelssohn übersetzte für sie die Bibel ins Deutsche, um sie zum Studium der deutschen Sprache anzuregen. Der deutsche Text wurde mit hebräischen Buchstaben gedruckt. Orthodoxe Kreise lehnten die Übersetzung in eine »profane« Sprache ab.

41 a **treife** Alles, was nach den rituellen Speisevorschriften verboten ist, wird als »treife« bezeichnet.

42 a **Proselyten** Obwohl das Judentum eher zurückhaltend missionierte, gab es immer Menschen, die zum jüdischen Glauben übertreten wollten. Dies wurde meist wohlwollend von den Juden gesehen, besonders in der Zeit des zweiten Tempels gab es viele Proselyten. Die Personen mussten den Übertritt durch Untertauchen (Taufe) und die Verpflichtung, das Gesetz zu halten, vollziehen, die Männer mussten sich auch beschneiden lassen.

43 b **Chuppa** Der Baldachin steht in Israel meist unter freiem Himmel, vielleicht, wie Rabbi Mosche Isserles (1525-75) schreibt, damit die Nachkommen so zahlreich werden wie die Sterne am Himmel. In anderen Ländern steht die Chuppa in der Synagoge.

44 a **Schawuot** Es ist eine Art Erntedankfest, das Fest der »Erstlingsfrüchte von der Weizenernte« (Ex 34, 22). Wochenfest heißt es deswegen, weil es sieben Wochen, 50 Tage nach Pascha gefeiert wird. In der rabbinischen Überlieferung ist es auch das Fest der Gesetzesverkündigung am Berg Sinai. Das christliche Pfingstfest geht auf Schawuot zurück.

45 c **Jarmulke** Die jüdische Kopfbedeckung, meist von runder, flacher Form, wird immer in der Synagoge und an jüdischen Kultstätten getragen, von orthodoxen Juden auch ständig in der Öffentlichkeit. Hebräisch: Kippah.

46 b **Beschneidung** Am achten Tag wird jedes männliche Kind beschnitten. Dies geht auf den Bund zurück, den Jahwe mit Abraham geschlossen hat (Gen 17). Dabei wird die Vorhaut des männlichen Gliedes abgeschnitten. Meist führt dies ein Fachmann durch, der Mohel (Beschneider). Die Beschneidung soll die Zugehörigkeit zum auserwählten Volk Gottes besiegeln.

47 b **Nichtjude** wörtlich: Ungläubiger. Jiddischer Begriff, der sowohl Christen als auch Mitglieder anderer Religionen oder Weltanschauungen bezeichnet.

48 a **Haggada** Diese Erzählung wird an den beiden ersten Abenden des Pascha-Festes beim häuslichen Mal vorgelesen.

49 b **Kiddusch** Nach der Lesung von Gen 1, 1-3 spricht der Hausvater: »Gepriesen seist du, Ewiger, unser Gott, König der Welt, der die Frucht des Weinstocks erschaffen…«

50 d **Teba** In diesem Schrein sind die Torarollen verwahrt, er wird auch aron (Lade) oder hekal (Heiligtum) genannt. Er ist deswegen an der Ostwand angebracht, weil diese symbolisch nach Jerusalem zeigt.

51 a **Kise Elijahu** Sitz des Elija. Der Sitz weist auf die unerwartete Ankunft des Propheten Elija hin (nach Mal 3, 23).

52 c **Minjan** hebräisch = Zahl. Da es in Deutschland nur noch ein kleine Zahl jüdischer Gemeinden gibt, kann die Zehnzahl nicht überall eingehalten werden, in Reformgemeinden werden inzwischen auch Frauen mitgezählt. Die Zehnzahl bezieht sich auf die zehn Gerechten (Gen 18, 32f), um derentwillen Gott die Vernichtung von Sodom verhindert hatte.

53 d **Jeschiwa** In der Talmudschule lernt der junge jüdische Mann die Auslegungen der Tora und des Midrasch kennen, die im Talmud versammelt sind. Hier wird das berühmte scharfe Denken, aber auch die Vielfalt der Lehrmeinungen vermittelt und durch Selbststudium erlernt.

54 a **Schmone Esre** »Herr! Öffne meine Lippen, mein Mund dein Lob verkünde!« Es wird zu allen drei Gebetszeiten gesprochen und besteht eigentlich aus 19 Teilen.

55 c **Zentralrat der Juden in Deutschland (ZJD)** Der ZJD wurde 1950 in Berlin gegründet. Er vertritt 20 jüdische Landesverbände mit 83 Gemeinden. Die jüdische Gemeinschaft umfasst in Deutschland heute etwa 100.000 Mitglieder. Vorsitzender des Zentralrates ist seit 2000 Paul Spiegel.

56 d **Chewra kaddischa** »Heilige Bruderschaft«, wohltätige Vereinigung, die die Gebräuche bei der Totenbestattung übernimmt.

57 a **Schiwe** Die Angehörigen (Ehepartner, Eltern, Kinder, Geschwister) sind zur Einhaltung der siebentägigen Trauerzeit verpflichtet. Die Trauerzeit beginnt nach der Beerdigung, man sitzt während dieser Zeit auf einem Schemel (daher auch der Ausdruck »Schiwe« = sitzen). Zusätzlich wird beim Empfang der Todesnachricht oder bei der Beerdigung die Kleidung eingerissen als äußeres Zeichen der Trauer.

58 b **Judas Makkabäus** Der Seleukidenherrscher Antiochus IV. Epiphanes hatte den Tempel entweiht und eine Kultstätte für Zeus Olympios errichtet, in dem die Juden opfern sollten. Daraufhin kam es zur makkabäischen Erhebung (1 Makk 1, 15-28). Unter der Führung von Judas Makkabäus wurde der Tempel wieder eingeweiht (1 Makk 4, 36-59).

59 a **Tenach** auch Mikra (das zu Lesende) oder Kitbe haqodäsch (Heilige Schriften) genannt. Die Anfangsbuchstaben für Tora, Nebiim und Ketubim (K wird nach Vokal zu Ch) ergeben das Wort Tenach.

60 b **Schawuot** Das Wochenfest ist ein altes Erntefest und erinnert auch an die Gesetzgebung am Berge Sinai. Die Apostel waren am »Pfingsttag« versammelt: Pfingsten von griech. pentecosta, der 50. Tag nach dem Paschafest.

61 d **3760** Nach einer Berechnung aus der Tora wurde die Welt von Gott 3760 v. Chr. erschaffen. Da das jüdische Jahr im September beginnt, stimmt die Rechnung nur bis zum Beginn des jüdischen Jahres (z. B. ist das Jahr 2004 von Januar bis September im jüdischen Kalender das Jahr 5764).

62 b **Gabe des Gesetzes** Fest der Gesetzesfreude. An diesem Tag wird für die Gabe des Gesetzes gedankt und die Torarollen in einer fröhlichen Prozession umhergetragen. Hintergrund ist der Beginn des neuen Lesezyklus der Tora.

63 d **Peies** Dieser Brauch geht auf die Stelle aus der Tora zurück, in der es heißt: Ihr sollt euer Kopfhaar nicht rundum abschneiden (Lev 19, 27). Daher darf man die Schläfenhaare nicht vollständig abschneiden. Allerdings setzt die halachische Entscheidung fest, dass man mit Schere oder Haarschneidemaschine die Schläfen-

haare kürzen darf. Orthodoxe und chassidische Juden machen davon aber keinen Gebrauch, vor allem bei Kindern und Knaben ist das bemerkbar, deren Bart noch nicht gewachsen ist.

64 **c ein Kreisel für ein Glücksspiel** An den Chanukkatagen sind Fröhlichkeit und Spiele angesagt. An diesen Tagen wird auch das traditionelle Verbot des Glücksspiels aufgehoben.

65 **b Juden aus Deutschland und Osteuropa** Aschkenas = Deutschland, Bezeichnung für ost- und mitteleuropäische Juden mit eigener Tradition und Sprache (Jiddisch) im Unterschied zu den Sephardim, den spanischen, westlichen Juden.

66 **c 39** Die Mischna, die Auslegung der Gesetze, zählt 39 Hauparbeiten auf, die am Sabbat verboten sind, darunter zählen: säen, pflügen, ernten, dreschen, färben, spinnen, schlachten, schreiben, bauen, einreißen, anzünden usw. Für manchen mögen diese Verbote nach Reglementierung aussehen, andererseits schaffen sie Freiraum, um den Sabbat als Freudentag zu begehen: um zu beten, festliche Kleidung zu tragen, gut zu essen und zu trinken und sich der Familie zu widmen.

67 **b erste Rabbinerin Deutschlands** Regina Jonas hatte seit 1924 an der liberalen »Hochschule für die Wissenschaft des Judentums« in Berlin studiert und dort 1930 eine Abschlussarbeit vorgelegt. Titel: »Kann eine Frau das Amt des Rabbiners bekleiden?« Die rabbinische Autorisation erhielt sie erst am 27. 12. 1935. Sie wurde 1944 in Auschwitz ermordet.

68 **c Jordanien** Am 26. Oktober 1994 schlossen Israel und Jordanien Frieden. Damit ist Jordanien nach Ägypten der zweite arabische Staat, der durch einen Vertrag gesicherte, geregelte Beziehungen mit Israel unterhält.

69 **b Schaffung einer jüdischen Heimat in Palästina** Der erste Zionistenkongress tagte am 29. August 1897 in Basel. Dort einigte man sich auf das zionistische Programm: »Der Zionismus erstrebt für das jüdische Volk die Schaffung einer öffentlich-rechtlich gesicherten Heimstätte in Palästina«

70 **d Halbfeiertage** Chanukka und Purim sind Halbfeiertage. Chanukka ist ein achttägiges Lichterfest in Erinnerung an die Wiedereinweihung des Tempels. An Purim wird der Errettung der persischen Juden gedacht.

1 a **Osten** Die Kirchen, vor allem vom Mittelalter bis zur Mitte des 20. Jh. wurden als Weg des Glaubens gedeutet. Durch das Portal im Westen zog man durch das Kirchenschiff mit den Skulpturen, Bildern, Kreuzwegstationen und gelangte zum Altar, der dort steht, wo die »Sonne des Heils« (Mt 24, 27) – Christus – erscheint.

2 a **Rundbogenfenster** Seit Mitte des 11. Jh. spricht man vom romanischen Stil, der sich in ganz Europa durchsetzte. Das Leitmotiv ist der Rundbogen, welcher sowohl statische Funktionen zu erfüllen hatte (Ableitung der Kräfte), als auch dekorative Aufgaben übernahm: sichtbares Zeichen der einfachen und geometrischen Struktur, Träger von Dekorationen und Wechsel der Steinlage.

3 b **weil auf dem Bild unter anderem Papst Sixtus dargestellt wird** Das Bild wurde wahrscheinlich 1513 von Raffael gemalt. Der Auftraggeber war Papst Julius II., dessen Gesichtszüge man hinter dem dargestellten Papst Sixtus vermutet. Das Bild war ursprünglich für San Sisto (St. Sixtus) in der Provinz Piacenza bestimmt. 1754 wurde das Bild von König August III. von Sachsen erworben; 1945 nach Russland verschleppt; seit 1955 befindet es sich wieder in der Galerie.

4 b **Glockenturm** ital. »Campanile«. In der italienischen Architektur ist es oft üblich, den Glockenturm und die Taufkapelle (Baptisterium) von der Kirche räumlich getrennt zu errichten. Auf dem Campo dei Miracoli (Platz der Wunder), dem religiösen Mittelpunkt der Stadt Pisa, finden sich die drei Bauwerke in einer wunderbaren Harmonie, die aber vor allem durch den geneigten Turm (ab 1174 errichtet) weltbekannt ist.

5 b **Mosaik** Das Mosaik stammt aus dem hellenistischen Reich und wurde vor allem zur Gestaltung der Fußböden verwendet. Reiche Römer nutzten bald auch diese Kunst. Die Erhebung der christlichen Religion zur Staatsreligion gab der Mosaikkunst Auftrieb, da jetzt Kirchen und Grabstätten reich ausgestattet werden sollten und konnten. Das Mosaik bringt die mystische Symbolwelt, die die Auftraggeber und Künstler damals bevorzugten, gut zum Ausdruck.

6 b **Michelangelo** Michelangelo Buonarroti (1475-1564) gilt neben Leonardo da Vinci als bedeutendster Vertreter der Renaissance-Kunst. Er lernte bei einem Maler, wurde dann Bildhauer (Piéta im Petersdom, David in Florenz), widmete sich dann der Malerei, die in ihrer Plastizität bildhauerisch geprägt ist, und der Architektur (Kuppel von St. Peter in Rom).

7 a **Piéta** Die »Schmerzvolle«, die sitzend den Leichnahm Christi (zwischen Kreuzabnahme und Grablegung) auf dem Schoß hält. Die dem Neuen Testament unbekannte Szene, auch den früher als ihren Ursprung betrachteten mittelalterlichen Marienklagen fremd, scheint eher aus einer liturgischen Vesperbetrachtung erwachsen zu sein, die Kreuzesmystik und Verehrung Christi mit Marienverehrung verband (für Mechthild von Hackeborn bezeugt und im Kloster Helfta geübt). Als berühmteste Darstellung gilt die Piéta im St. Peters-Dom in Rom von Michelangelo.

8 a **Historismus** Neben dem Klassizismus kam es im 19. Jahrhundert zu einer Wiederaufnahme von Stilelementen vergangener Epochen. Neogotik, Neoromanik usw. beherrschten in weiten Teilen den Kirchenbau. Dabei wurden aber im Bezug auf die Bautechnik neue Methoden und Materialien verwendet, im Stil zogen schöpferische Elemente aber erst wieder mit dem Jugendstil ein.

9 a **Korinthische Säulen** Diese Säulenart gibt es seit ca. 400 v. Chr. Sie unterscheidet sich von den anderen Säulenarten dadurch, dass sie sehr schlank ist und ein mit Akunthusblättern verziertes Kapitell besitzt.

10 a **Kruzifix** Jesus am Kreuz wurde zunächst nicht bildlich dargestellt, da diese Todesart zu schändlich für die damalige Zeit war. Erst in karolingischer Zeit entstanden die ersten Kreuze mit dem Christus daran, da allerdings als lebender Christus, der König. Die ersten Kreuze mit dem toten Christus entstehen in der Blütezeit der Romanik. Die reformierten Kirchen kennen das Kruzifix weniger.

11 b **in den Katakomben von Rom** Noch vor das Jahr 200 werden die ersten Christusdarstellungen in den Begräbnisstätten der ersten Christen, den Katakomben, datiert.

12 a **Fresko** Wandmalerei (auch Freskenmalerei), die auf frischem, feuchtem Kalkbewurf ausgeführt wird und bei der nur Farben verwendet werden, die keine chemischen Mittel (Bindemittel) enthalten; vermutlich wurde Freskenmalerei bereits in der kretischen Kunst angewandt, mit Sicherheit aber bei den Etruskern, in Pompeji und Herculaneum.

13 b **Tempel** Als Gegenbewegung zum üppigen und gefühlsbetonten Barock entstand um 1770 der Klassizismus mit seinem Rückgriff auf die klassische Antike, vor allem römische Architektur. Die Antike stand auch sonst im Mittelpunkt des bürgerlichen Interesses. Die Kirchen sind gekennzeichnet durch klare und strenge Symmetrie, durch den Säulenvorbau – Portikus – mit Dreiecksgiebel sowie durch eine schlichte Innenraumgestaltung.

14 b **Kapitell** Von lateinisch capitellum = Köpfchen. Bezeichnung für den »Kopf«, d. h. den oberen Abschluss von Säulen und Pfeilern. Das Kapitell dient als Zier, bietet aber auch eine größere Auflagefläche für das Gebälk. Unter den vielen verschiedenartigen Kapitell-Formen sind die drei griechischen Kapitelle im Allgemeinen die bekanntesten: dorisches Kapitell, ionisches Kapitell und korinthisches Kapitell.

15 c **Colmar** Das Mittelalter überliefert uns mehrere Namen für den Zeitgenossen Dürers, über den die historischen Quellen nur wenig und widersprüchlich berichten. Matthias Grünewald lebte vermutlich zwischen 1480 und 1528, wurde in Würzburg geboren und starb in Halle an der Saale. Der Isenheimer Altar, sein bekanntestes Werk, steht im Museum von Unterlinden in Colmar.

16 a **Votivtafeln** Votivtafeln spielen seit dem 17. Jahrhundert eine große Rolle. Es handelt sich meist um naiv bemalte Bilder auf Holztafeln, die den Grund der Anrufung (z.B. Krankheit, Unfall, Kriegsnot) oder einen Heiligen zum Thema haben. Die Votivtafeln werden dann in Kirchen, Wallfahrtsorten oder im Freien als sichtbares Zeichen des erhaltenen Gnadenbeweises oder des abgelegten Gelöbnisses angebracht.

17 a **George Bähr** (1666 - 1738) Der aus dem Erzgebirge stammende Bähr wurde 1705 Ratszimmermeister in Dresden. Er errichtete zunächst mehrere Kirchen in Sachsen. 1723 begann er mit den Planungen der Frauenkirche. Als Grundlage diente ihm ein Entwurf des

Oberlandbaumeisters Johann Christoph Knöfel. Er erlebt die Fertigstellung der Kirche nicht mehr, die, nachdem sie im 2. Weltkrieg zerstört wurde, heute wieder aufgebaut wird.

18 a **Ulm** (162 m) Für das gotische Ulmer Münster wurde 1377 der Grundstein gelegt. Verschiedene Baumeister bauten an dem Bauwerk bis 1543, zuvor ist die Gemeinde in Ulm und damit das Münster evangelisch geworden. Erst 1844 wird der Bau neu aufgenommen und 1890 der Turm vollendet.

19 b **Sie hat 42 Zeilen** Die Bibel in lateinischer Sprache von Johannes Gutenberg, zwischen 1450 und 1456 in Mainz gedruckt, ist das erste Buch in Europa, welhes mit beweglichen Metall-Lettern gedruckt wurde. Heute existieren noch 49 (z. T. nur teilweise erhalten) von den 180 Exemplaren.

20 a **Lukas Cranach d. Ä.** Lukas Cranach der Ältere (1472 - 1553) war einer der bedeutendsten Maler der deutschen Renaissance. Kurfürst Friedrich der Weise holte ihn an seinen Hof nach Wittenberg, wo er entscheidende Impulse von Luther und Melanchthon erhielt. Neben mythologischen Bildern schuf er die bekannten Portraits von Luther.

21 a **Pelikan** Weil der Pelikan nach antiker Vorstellung seine Jungen mit dem eigenen Blut ernährt bzw. diese zum Leben erweckt, wird er von Augustinus sowie von mittelalterlichen Kirchenschriftstellern als Symbol für Christus, dessen Opfertod und die Eucharistie gedeutet. (vgl. auch den Hymnus »Gottheit tief verborgen« des Thomas von Aquin).

22 c **313** Die Lateranbasilika wird im Jahr begonnen, in dem Kaiser Konstantin das »Mailänder Toleranzreskript« mit Licinius aushandelt und damit das Christentum zur anerkannten Religion im Reich machte. Sie gilt als Mutterkirche aller Kirchen mit eigenem Weihetag, es gibt allerdings noch Reste älterer Sakralbauten der Christen, z. B. in Armenien und in Jerusalem.

23 b **Holz** Die größte Holzkirche der Welt ist das Gotteshaus im finnischen Kerimäki. Es misst 45 mal 42 mal 27 Meter, die Kuppel hat eine Höhe von 37 Metern. Im Innenraum gibt es 3000 Sitz- und 5000 Stehplätze.

24 b **Basilika** Die »Königshalle« als antike Thron-, Versammlungs- und Markthalle entsprach in

Größe und Form den Anforderungen der christlichen Gemeinden. Die Ausrichtung auf den Kaiser wurde durch die Ausrichtung nach Osten, auf Christus ersetzt.

25 **a in den Katakomben in Rom** Die Katakomben dienten als Begräbnisstätten und nicht für den Gottesdienst. Die Christen lehnten den römischen Brauch der Einäscherung ab, waren jedoch zu arm, sich Land für Gräber zu kaufen. Deshalb gruben sie sich das unterirdische Höhlensystem. Dort sind auch die ersten Bilder zu finden, meist einfache Zeichnungen mit Episoden aus der Heiligen Schrift. Sie zeugen von der Armut der Auftraggeber.

26 **d Rokoko** Ca. von 1730-1770 wurde dieser Baustil vor allem in Österreich und Süddeutschland entwickelt. Im Mittelpunkt stand die Kombination des Zentralbaus mit dem Längsschiff und eine überreiche Ausgestaltung mit Schmuckornamenten, z. B. der aus Frankreich stammenden »Rocaille« (franz. Muschelwerk), wovon der Stil auch seinen Namen ableitet. Vertreter sind K. I. Dientzenhofer, B. Neumann, J. M. Fischer und D. Zimmermann.

27 **c Apsis** Nischenartiger, meist im Grundriss halbkreisförmiger, häufig kuppelüberwölbter Raum, sich dem Chor oder dem Kirchenschiff in voller Größe öffnend. Stammt aus der römischen Baukunst, dort wurde die Kaiserstatue aufgestellt; wurde in den Kirchenbau übernommen, diente der Aufnahme einer Christusstatue, später auch als Raum für die Geistlichen (Presbyterium).

28 **a Krypta** »Gewölbe«, von griechisch = kryptein, »verbergen«. Bezeichnung für einen unterirdischen Grabraum. In frühchristlicher Zeit waren die Gläubigen gezwungen, Grabräume verborgen anzulegen. Dadurch entstanden die unterirdischen Grabräume, die in romanischen Kirchen meist unter dem Ostteil, d. h. unter dem Chor angelegt sind. Diese Krypten dienten als Begräbnisstätten hoher geistlicher und weltlicher Würdenträger sowie zur Aufbewahrung von Reliquien.

29 **b Epitaph** von griechisch epitaphion = zum Grab gehörig. Ursprünglich war es die Bezeichnung für die Grabinschrift. Seit dem 16. Jh. werden getrennt vom Grab aufgestellte, meist aus Stein oder Bronze bestehende

Tafeln mit einer an den Verstorbenen erinnernden Inschrift Epitaph genannt.

30 c **Paramente** von lateinisch parare = sich rüsten. Bezeichnung für liturgische Gewänder (z. B. Albe usw.) und andere beim Gottesdienst verwendete Textilien (Altartuch, Kanzelbehänge usw.). Die Paramente sind oft hervorragende Beispiele christlichen Kunsthandwerks.

31 c **Mailand** Im Refektorium von S. Maria delle Grazie befindet sich das um 1498 gemalte Fresko. Durch die Anwendung der neuen Technik löste sich das Werk schon sehr früh von der Wand und wurde immer wieder restauriert. Das Bild wendet alle neuen Stilmittel der Renaissance an.

32 c **um das Jahr 400** Die beiden Bischöfe Severus von Neapel und Paulinus von Nola sowie der Kirchenlehrer Hieronymus werden mit der Einführung der Glocke in Verbindung gebracht. Die breite Verwendung setzte sich erst unter den Päpsten Gregor der Große und Stephan IV. im 7. Jh. durch.

33 a **Schlichtheit** Gegenüber der Prachtentfaltung der Kirche, vor allem der Päpste und Bischöfe, was sich auch in den aufwändig gebauten und reich verzierten Kathedralen ausdrückte, setzten die neuen Orden auf Einfachheit, Verzicht auf Ausschmückung, auf einheimische Baustoffe und volkstümliche Bilder, um das Volk für den Glauben zu gewinnen.

34 d **Fresko** Beim Fresko wird mit kalkechten Pigmentfarben in den nassen Putz gemalt. Die Farben verbinden sich mit dem Putz, was die Bilder sehr haltbar macht. Nach der Restaurierung der Bilder in den letzten Jahren kamen die leuchtenden Farben wieder zum Vorschein.

35 a **Prospekt** Die schon in der Antike bekannte Orgel (Hydraulos genannt, da der Winddruck mit Wasser reguliert wurde) gelangte ca. im 8. Jh. an die Höfe in Europa und langsam auch in die Kirchen, erst im 14./15. Jh. wird die heutige Orgel entwickelt. Die künstlerische Gestaltung des Prospekts erlebt seine Blütezeit im Barock und im Rokoko.

36 a **St. Stephan** Sie ist die einzige deutsche Kirche, für die der jüdische Künstler Marc Chagall (1887-1985) Fenster schuf. Der in Russland geborene jüdische Künstler lebte die längste Zeit seines Lebens in Frankreich.

1978 wurde das erste von neun Chagall-Fenster des damals 91-jährigen Künstlers eingesetzt. Das blaue Licht lässt die biblischen Figuren für den Betrachter lebendig werden.

37 b **Blei** Bis heute werden die aus farbigem Glas gefertigten Kirchenfenster mit Blei eingefasst, da das Material sehr biegsam ist und sich gut verarbeiten lässt und trotzdem so stabil ist, dass die Glasscheiben lange halten.

38 a **Der Englische Gruß** Ein beliebtes Bildmotiv, in der Maria die Geburt Jesu durch das Wirken des Heiligen Geistes angekündigt wird. Dabei bezieht sich »Englisch« auf den Erzengel Gabriel, der Gruß wurde aufgenommen im bekannten Gebet »Gegrüßet seist du Maria«, welches dann auch durch die Verwandte Elisabet wiederholt wird. Eine der bekanntesten Verkündigungsgruppen befindet sich im Chor der Nürnberger St. Lorenzkirche, ein Werk von V. Stoß (1517/18).

39 b **Gotik** Mitte des 14. Jh. entstanden die ersten Altäre, die aus Holztafeln zusammengesetzt waren. Innen enthielten sie meist Schnitzfiguren, außen waren sie mit bemalt. Viele Künstler waren Maler und Bildschnitzer zugleich. Verantwortlich für das Aufkommen der Bilder war das Bedürfnis, den Menschen, die kein Latein konnten, den Inhalt der biblischen Botschaft zu vermitteln.

40 a **Eiweiß, Pigmente, Harz** Die Tafelbilder, die in der Gotik entstanden, wurden mit Temperafarben gemalt. Um ihnen Glanz zu verleihen, wurden sie nach dem Malen mit Firnis überzogen. Jan van Eyck (1390-1441), einer der ersten Maler der Renaissance, experimentierte als erster mit Ölen, so dass die Farben von sich aus glänzten.

41 c **grau** Grisaillefenster (gris, französisch, bedeutet grau) wurden hauptsächlich in Zisterzienserkirchen eingesetzt, da den Zisterziensern besondere Ausschmückung ihrer Kirchen und Klöster verboten war. Einige der schönsten Beispiele finden sich in den englischen Kathedralen von Loncoln, Salisbury und York.

42 b **Kolonnaden** Gian Lorenzo Bernini (1598-1680) wurde von Papst Urban VIII. und von Alexander VII. zum Baumeister berufen. Die Gestaltung des Petersplatzes sollte die allumfassende Kraft der Kirche ausdrücken und den Platz als Got-

tesdienstraum für große Pilgermengen gestalten.

43 **d Peter Parler** Geboren 1330 in einer berühmten Steinmetzfamilie in Schwäbisch-Gmünd. Nach Lehr- und Wanderjahren wurde er 1356 von Kaiser Karl IV. zum Dombaumeister für den Prager Veitsdom ernannt. Seine Dombauhütte entwickelte sich zu einer bedeutenden Ausbildungsstätte (»Parlerschule«). Steinmetze aus Prag arbeiteten in Wien, Halle, Magdeburg und Tangermünde. Parler baute nicht nur den Dom, sondern auch andere Bauwerke in Prag, z. B. die Karlsbrücke.

44 **a Fresken** Giotto di Bondone (um 1266-1337) gilt als einer der ersten »modernen« Künstler. Er schuf im Sinne der franziskanischen Auffassung Bilder (höchstwahrscheinlich auch einen großen Teil der Fresken in dieser Kirche) für die einfachen Menschen, damit sie die Botschaft Jesu verstehen. Er erreichte eine große Klarheit durch die Einbindung der Figuren in konkrete perspektivische Architektur und durch die Darstellung von ausdrucksstarker Gestik und Mimik.

45 **b Tympanon** Türbogenfeld über dem Türsturz romanischer und gotischer Eingänge. Tympanon mit Reliefs oder Mosaiken waren möglicherweise bereits im Frühmittelalter in Byzanz gebräuchlich. In Südfrankreich und Burgund lassen sich Tympana ab dem Ende des 11. Jh. nachweisen.

46 **c Gotik** Abt Suger führte nicht nur den gotischen Stil in der Architektur der Stiftskirche Saint-Denis ein, sondern ließ auch großflächige, farbige Fenster einbauen. Dies war möglich durch die Entlastung der Wände von tragender Funktion. Aber auch die Lichtsymbolik spielte eine Rolle: Durch die Fenster wird die Herrlichkeit von Christus, dem Licht der Welt, deutlich.

47 **b Bilderzyklus an den Mauern mittelalterlicher Friedhöfe** Zu den Zeiten der Pest vor allem im 14. Jh. kam der Brauch auf, die inneren Mauern der Friedhöfe mit Bilderschmuck zu versehen. Motiv war der Totentanz, wobei der Tod als allegorische Figur mit Menschen verschiedenen Standes tanzte – ein Hinweis auf die Gleichheit der Menschen im Tod.

48 **a Nimbus** lateinisch = Wolke, die spätlateinische Bedeutung (seit dem 4. Jh.) ist Heiligen-

schein. Bezeichnung für einen über dem Kopf befindlichen Strahlenkranz, auch Glorie, Gloriole oder Glorienschein genannt. Schon in der antiken Kunst üblich, im 4. Jh. n. Chr. in der christliche Kunst. Dient als Zeichen der Göttlichkeit, später der Heiligkeit.

49 a **Guter Hirt** Die aus der Antike (in Ägypten wurden z. B. die Beamten »Hirten« genannt) und im alten Israel (Psalm 23) bekannte Darstellung wurde von der frühen Christenheit auf Christus bezogen. So finden sich Darstellungen vom »Guten Hirten« in den Katakomben in Rom, vor allem auf Grabsteinen.

50 b **Griechisches Kreuz** (latein. Bezeichnung crux quadrata). Bestimmend für den Grundriss vieler byzantinischer und syrischer Kirchenbauten.

51 a **San Apollinare in Classe (Ravenna)** Um 500 gebaut. Dort finden sich die ersten Darstellungen des Abendmahles.

52 b **Basilika Notre Dame de la Paix in Yamoussoukro** Die vom Staatsgründer der Elfenbeinküste Félix Houphouët-Boigny als Kopie des Petersdoms protegierte und bezahlte Kirche gilt als afrikanisches Glaubenssymbol, aber auch als verschwenderisches Prestigeobjekt (Kosten ca. 125 Mill.) in einem sonst sehr armen Land.

53 d **1880** Um das Jahr 600 stand an der Stelle des jetzigen Doms eine Kirche, 873 wird der alte Dom eingeweiht, in den auch die Reliqiuen der Hl. Dreikönige gelangen. Trotz seiner Berühmtheit beschließt man, einen neuen Dom zu bauen, und reißt den alten mittels Feuer ab, wobei aber mehr zerstört wird, als man plant. 1248 beginnt man den neuen Dom, dessen Bau sich über viele Jahre erstreckt und 1560 eingestellt wird. Erst 1842 baut man weiter, und 1880 kann das Wahrzeichen von Köln geweiht werden.

54 d **Mater dolorosa** Die Darstellung geht zurück auf die Worte des Propheten Simeon, der Jesus als Messias erkennt, aber auch Maria prophezeit, dass der Weg sehr schmerzvoll für Jesus und auch für Maria werden wird: »... er wird ein Zeichen sein, dem widersprochen wird. Dadurch sollen die Gedanken vieler Menschen offenbar werden. Dir selbst aber wird ein Schwert durch die Seele dringen« (Lk 2,34f).

55 a **Altes und Neues Testament** Der reiche Figurenschmuck an

der Außenfasade der Kathedrale von Chartres ist von besonderer kunsthistorischer Bedeutung. Am Haupteingang befindet sich ein prachtvolles Relief von Christus mit Krone und Zepter. Das Portal am südlichen Querschiff (1224 – 1250) stellt Szenen aus dem Neuen Testament dar, das entsprechende Portal am nördlichen Querschiff Szenen aus dem Alten Testament.

56 a **Le Corbusier** (1887-1965) Le Corbusier ist einer der führenden Architekten des funktionellen Bauens, ohne die Aspekte der Ästhetik außer Acht zu lassen. Die Errichtung der Wallfahrtskirche Notre-Dame-du-Haut in Ronchamp 1950-54 bedeutet einen Übergang zu einem plastischen Stil. Die Kirche ist so konzipiert, dass sie einzelnen Wallfahrern, kleinen Gruppen bis 200 Personen und großen Wallfahrergemeinden dienen kann.

57 d **für die Gefallenen des Bürgerkriegs** Das größte freistehende Kreuz ist 152,4 Meter hoch und aus Stein gefertigt. Es wurde von Juan de Avalos entworfen und als Mahnmal für die Gefallenen des Spanischen Bürgerkrieges errichtet. Das Kreuz im Tal der Gefallenen bei Madrid in Spanien ist noch aus einer Entfernung von 48 Kilometen sichtbar.

58 d **Johannes von Damaskus** Er wurde um 645 in Damaskus geboren. Er war zunächst Berater des Kalifen, später wurden die Christen aus dem Staatsdienst entfernt, und er wurde Mönch, Priester und Berater des Patriarchen in Jerusalem. Er fasste die Lehre der orthodoxen Kirche zusammen und befürwortete die Anfertigung von Ikonen. Gestorben ist er um 750 im Kloster Mar Saba bei Jerusalem.

59 b **eine Trinitätsdarstellung** Seit der Gotik bekannte Darstellung der Dreifaltigkeit, bei der Gott den gekreuzigten Sohn in seinen Händen hält. Der Heilige Geist schwebt in Form einer Taube über den beiden.

60 a **Kloster Maulbronn** Zisterzienserabtei von 1147-1537. Danach evangelische Klosterschule. Das Kloster Maulbronn gilt als die am besten erhaltene mittelalterliche Klosteranlage nördlich der Alpen. Hier sind alle Stilrichtungen und Entwicklungsstufen von der Romanik bis zur Spätgotik vertreten.

61 a **Paradiesgärtlein** Besonders im Erzgebirge und in Süddeutsch-

land ist diese Darstellung beliebt. Maria wird schon seit dem 4. Jh. als »Neue Eva« bezeichnet, Christus als der »Neue Adam«, das Kreuz als Lebensbaum. Der Christbaum entwickelte sich aus dem Paradiesbaum der Krippenspiele (Paradiesspiele), mancherorts heißt er deshalb auch noch »Paradeisel«.

62 c **Arnolfo di Cambio** 1245 – 1302. Wirkte in Pisa, Siena und vor allem in Rom, wo er zahlreiche Statuen schuf. Er gilt als bedeutender Bildhauer der Hochgotik, später widmet er sich auch der Baukunst, z. B. in Florenz am Dom.

63 c **Santa Sabina** Um 433 wird die Kirche in Rom fertiggestellt, an deren Tür sich die älteste überlieferte Darstellung der Kreuzigung Christi als Holzrelief befindet.

64 a **Moskau** Die Glocke »Zar Kolokol« wurde 1733 gegossen, ist 5,8 m hoch und wiegt 181 Tonnen. Sie steht in der Nähe des Kreml.

65 c **Narthex** In dieser Säulenvorhalle konnten auch »sündige« Gemeindemitglieder, denen sonst der Zugang zum Gotteshaus verwehrt war, der Messe folgen. Sie befand sich noch außerhalb des Atriums (auch Paradies) genannt.

66 b **Kathedrale Saint-Denis bei Paris** 1122 wurde Suger zum Abt von Saint-Denis, einer Cluniazenserabtei bei Paris von Ludwig VI. ernannt. Diese Abtei war eng mit dem französischen Königshaus verbunden, dort wurden auch die französischen Könige beigesetzt. Suger war oberster Berater des Königshauses. Zum ersten Mal wurden die Spitzbögen und das Strebewerk zum Tragen des Gewölbes verwendet.

67 a **Eisenacher Regulativ** Die Verunsicherung über die theologische Entsprechung im Bau einer Kirche war so groß, dass 1861 der Kirchenbau reglementiert wurde (rechteckiger Grundriss, erhöhter Altar, Kanzel am Chorbogenfenster usw.). Die Vorschriften erwiesen sich als unbrauchbar und wurden vom Wiesbadener Programm (1891) abgelöst.

68 b **Lichtgaden** (Obergaden), von Fenstern durchbrochene Wand des Mittelschiffs einer Basilika, oberhalb der Erdgeschossarkaden der Seitenschiffe gelegen.

69 b **drei Hasen** Das Hasenfenster im spätgotischen Kreuzgang des Paderborner Doms ist ein Wahr-

zeichen der Stadt Paderborn. Ein Vers beschreibt in knapper Form die Besonderheit: »Drei Hasen und der Löffel drei, und doch hat jeder Hase zwei.« Die drei Ohren bilden ein gleichseitiges Dreieck.

70 a **Dresden** Tizian (um1490 bis 1576) wirkte hauptsächlich in Venedig. »Der Zinsgroschen« wurde im Auftrag des Herzogs Alfonso I. d`Este von Ferrara um 1516 gemalt. 1598 kam das Bild nach Modena, 1746 nach Dresden. Es zeigt das Motiv des Evangeliums, als Jesus von den Pharisäern auf deren Fangfrage »Ist es erlaubt, den Kaiser Steuern zu zahlen, oder nicht?« sich einen Denar zeigen lässt, auf dem das Bild und die Aufschrift des Kaisers zu sehen ist, und ihnen antwortet: »So gebt dem Kaiser, was dem Kaiser gehört, und Gott, was Gott gehört!« (Mk 12, 17)

1 a **von Anfang an** Die christliche Kirche ist eine singende Kirche. Die Schriften des Neuen Testaments lassen keinen Zweifel, dass bereits die ersten Christen gesungen haben (Eph 13, 20; Kol 3,16). Einzelne Gesänge sind zumindest dem Text nach überliefert: der Philipperhymnus (Phil 2,5-11), der Epheserhymnus (Eph 1,3-14) sowie der Kolosserhymnus (Kol 1,12-20).

2 b **Gregorianischer Choral** Ab dem 4. Jahrhundert entwickelten sich Erzbistümer und Klöster in relativer Unabhängigkeit von Rom. So gab es zur Zeit des Papstes Gregor I. (590 – 604) unterschiedliche Liturgien. Gregor führte eine Reform der römischen Liturgie durch, die im Laufe der folgenden Jahrhunderte zur liturgischen Vereinheitlichung des Westens unter der Führung Roms führte.

3 d **Motette** Seit dem 12. Jahrhundert entwickelte sich die Motette als mehrstimmige, solistisch wie chorisch ausgeführte Musik ohne Instrumentenbegleitung (Vokalmusik). Im 14. bis 16. Jahrhundert bildete die Motette die führende Vokalform neben dem Madrigal.

4 c **Refrain** Die mehrfache Wiederholung eines gleichbleibenden Text- und Melodieteiles in einem Lied oder auch Tanz nennt man Kehrreim oder Refrain. Die Wiederholung wirkt abschließend oder bekräftigend.

5 c **Gotteslob** Das erste katholische Einheitsgesangbuch erschien 1975. Durch die Liturgiereform des Zweiten Vatikanischen Konzils stand für viele Bistümer eine Neuordnung ihrer Gesangbücher an. Dies führte zum Beschluss, ein gemeinsames Gesangbuch mit Bistumsanhängen zu entwickeln. Ein Nachfolger des Gotteslob ist derzeit in Vorbereitung.

6 a **Josef Mohr** 1792 – 1848) wurde 1815 zum Priester geweiht. 1817 kam Mohr nach Oberndorf bei Salzburg, wo vor dem Weihnachtsfest 1818 die Orgel versagte. Er schrieb daraufhin den Text »Stille Nacht, heilige Nacht« und bat seinen Freund, den Lehrer Franz Xaver Gruber, den Text mit einer Melodie, einem Bass und Gitarrenbegleitung zu versehen.
In dieser Form wurde es dann in der Christmette vorgetragen.

7 c **Taizé** Die Gesänge der ökumenischen Gemeinschaft in Taizé sind durch große Einfach-

heit und hohe Qualität gekennzeichnet. Die Struktur der Lieder lädt zur Wiederholung ein und ermöglicht vielfältige Kombinationen mit Chor-, Solisten- oder Instrumentalstimmen.

8 **d 1993** Bereits 1854 entwickelte sich mit dem Eisenacher Entwurf ein Kern gemeinsamer evangelischer Lieder. Doch erst das Evangelische Kirchengesangbuch setzte sich nach 1950 in den Landeskirchen als einheitliches Gesangbuch durch. Das aktuell verwendete Evangelische Gesangbuch erschien 1993; in den nachfolgenden Jahren wurde es in den Landeskirchen eingeführt.

9 **b Gottes Sohn** Das Lied gehört zu den ältesten geistlichen Gesängen in deutscher Sprache. Sein Thema ist die Menschwerdung von Gottes Sohn. Das Schiff ist in der Spiritualität ein altes Bild für die Begegnung von Gott und Menschen. Die siebenstrophige Fassung im Gotteslob löst das Bild auf Maria hin auf. Sie ist Vorbild der Kirche, die aufgefordert ist, auch heute Christus in die Welt zu tragen.

10 **a Neandertal** Das Neandertal ist ein Teil des Düsseltales nahe Düsseldorf, in dem sich der gleichnamige Fluß tief in das Kalkgebirge eingeschnitten hat. Das Tal ist nach dem 1650 geborenen Kirchenlieddichter (Lobe den Herren, den mächtigen König) und evangelischen Pfarrer Joachim Neander benannt.

11 **a David** Der Sohn des Isai aus dem Stamm Juda spielte vor dem schmermütigen König Saul auf der Harfe. Dieser beauftragte ihn mit riskanten militärischen Aufgaben. Mit 30 Jahren wurde David zum König und machte Jerusalem zum religiösen und politischen Zentrum. Er gilt aufgrund seiner musischen Begabung auch als Autor vieler biblischer Psalmen.

12 **b New York** In »Jesus Christ Superstar« werden die letzten sieben Tage des Lebens von Jesus Christus als Rock-Oper dargestellt. Das frühe Werk von Tim Rice und Andrew Lloyd Webber wurde im Oktober 1971 in New York uraufgeführt. Schon vier Monate später gab es in Münster eine deutsche Fassung. Ein weiteres Jahr später erfolgte die Verfilmung unter der Regie von Norman Jewison.

13 **b Hymnologie** Ihre erste Blütezeit erlebte die Sammlung und Erforschung von Kirchenliedern im 19. Jahrhundert. Heute gehört zu den wichtigsten Zentren

hymnologischer Forschung in Deutschland die Mainzer Universität. Im Gesangbucharchiv sind Tausende von Gesangbüchern aus 5 Jahrhunderten gesammelt. Ein interdisziplinäres Graduiertenkolleg erforscht Quellen und Geschichte von Gesangbüchern und Kirchenliedern.

14 a **Aus tiefer Not schrei ich zu dir** (GL 163/EG 299) 1524 tauchen in Luthers Predigten gehäuft Anspielungen auf den 130. Psalm auf. In den Versen 4 und 5 sieht er sein Verständnis der Rechtfertigung allein aus Glauben bestätigt. Das Wittenberger Chorgesangbuch von Johann Walter druckt im gleichen Jahr die fünfstrophige Fassung, die heute in allen evangelischen Gesangbüchern steht.

15 b **9. Jahrhundert** Im 8./9. Jahrhundert kamen Orgeln als kaiserliche Geschenke aus Byzanz an Pipin und Karl d. Großen ins Frankenreich. Erste Kirchenorgeln standen in Aachen (812), Straßburg und Winchester. Ktesibios, ein Ingenieur in Alexandria, hatte im 3. Jahrhundert vor Christus die Wasserorgel erfunden. Sie fand in römischen Amphitheatern Verwendung. Erst im Mittelalter verlor die Orgel ihren weltlichen Charakter.

16 b **Regensburg** 1976 konnten die Domspatzen ihr 1000-jähriges Bestehen feiern, denn im Jahre 975 trennte Bischof Wolfgang das Bistum von der Abtei St. Emmeran und bezog mit den Scholaren Wohnung im »Alten Bischofshof«. Seit dieser Zeit gibt es eine Domschule mit Chor, dessen erste Aufgabe die musikalische Umrahmung der Domliturgie ist.

17 c **Thomaskantor in Leipzig** Als Thomaskantor war Bach Kantor und Director musices über die Hauptkirchen der Stadt. Wichtige Werke entstanden in Leipzig: Kantaten, Oratorien, Passionen sowie Teile der h-moll Messe für den Kurfürsten in Dresden. Zuvor war Bach auch in Weimar, Köthen und Arnstadt tätig.

18 d **biblische Lieder** Die nicht dem Psalter, sondern den übrigen Büchern des Alten und Neuen Testaments entnommenen Lieder tragen im Unterschied zu den Psalmen den Namen Canticum. Bekannte Cantica sind die Lobgesänge des Zacharias (Benedictus) und das Magnificat von Maria.

19 d **für seine Kinder** Martin Luther dichtete das Lied 1535 wahrscheinlich für seine eigenen

Kinder. In der katholischen Überlieferung ist dem Weihnachtslied seit 1567 eine Strophe von Valentin Triller vorgeschaltet: »Es kam ein Engel hell und klar«. Die Dichtung wurde zunächst mit einer weltlichen Melodie verbunden. Bereits 1539 erschien das Lied in einem Leipziger Gesangbuch in der heute bekannten Vertonung, die wohl auf Luther selbst zurückgeht.

20 b **Cat Stevens** Der englische Folkmusiker, Sänger und Gitarrist Cat Stevens erreichte Anfang der siebziger Jahre den Höhepunkt seiner Popularität. Er konvertierte 1979 zum Islam. Seine erfolgreichsten Alben waren: »Tea for the Tillerman » (1970), »Teaser and the Firecat » (1971), »Foreigner » (1973) und »Back to Earth » (1978). »Morgenlicht, leuchte«, die deutsche Fassung zu »Morning has broken« steht unter EG 455.

21 c **Negro Spiritual** Die Sklaven der Südstaaten sangen ihre geistlichen Lieder zum Gottesdienst mit alten afrikanischen Bräuchen wie Händeklatschen und Fußstampfen. Call und Response belebten den Priester-Vortrag der biblischen Geschichte und des Evangeliums. Die Spirituals gehören zu den unmittelbaren Quellen des Jazz. Berühmte Spirituals sind Nowbody knows the trouble I´ve seen, Swing low, I got a shoes, Jonah in the Wale und Let my people go.

22 a **Amsterdam** Huub Oosterhuis, geb. 1933 in Amsterdam, war Studentenpfarrer der »studentenekklesia« in Amsterdam. Seine Gemeinde trennte sich nach einem Konflikt mit der Kirchenleitung von der katholischen Studentengemeinde. Sein bekanntestes Lied ist »Ik sta voor u«. Die deutsche Fassung »Ich steh vor dir mit leeren Händen« (GL 621/EG 382) stammt von Lothar Zenetti.

23 c **Dietrich Bonhoeffer** Der Theologe wurde 1906 in Breslau geboren. Ab 1935 leitete er das illegale Priesterseminar der Bekennenden Kirche in Finkenwalde. Aufgrund seines Widerstandes gegen das nationalsozialistische Regime wurde er verhaftet. 1945 wurde er im Konzentrationslager Flossenbürg hingerichtet. Die sieben Strophen legt er am 19. 12. 1944 dem letzten Brief an seine Braut Maria von Wedemeyer als Weihnachtsgruß bei.

24 d **ökumenisch verwendbar** 1973 erschienen die »Gemeinsamen Kirchenlieder«. Die Arbeitsgemeinschaft für ökumenisches Liedgut hatte in dieser und zwei weiteren Veröffentlichungen Lieder zusammengestellt, die von den Konfessionen gemeinsam gesungen werden konnten. Dabei wurden auch einheitliche Textfassungen erstellt. Bekannte ö-Lieder sind: Großer Gott, wir loben dich (GL 257/EG 331), Lobet den Herren, den mächtigen König (GL 258/EG 316) und Stille Nacht (GL 145/EG 46).

25 c **Stift Seckau** Die Carmina Burana sind eine Sammlung von 315 Dichtungen, die heute in der Staatsbibliothek in München aufbewahrt werden. Sie entstanden in der ersten Hälfte des 13. Jahrhunderts, vermutlich im steirischen Stift Seckau. Hier residierte Propst Heinrich von Maria Saal, dem das sechste Lied gewidmet ist. Bekannt wurden die Carmina durch ihre partielle Neukomposition durch Carl Orff von 1937.

26 d **lauter werdend** Die Vortragsangaben werden in klassischen Musikstücken zumeist mit italienischen Begriffen gekennzeichnet. Statt »crescendo » markiert häufig ein nach rechts offenes spitzes Dreieck die Phase, in welcher der Musiker lauter werden soll.

27 c **18. Jahrhundert** Die Umdichtung des altkirchlichen »Te deum laudamus« steht erstmals im Katechetischen Gesangbuch von Hildesheim 1771. Die eingängige Melodie findet sich im Gesangbuch der Kaiserin Maria Theresia in Wien um 1776. Seit dem 19. Jahrhundert ist »Großer Gott, wir loben dich« durch die Erweckungsbewegung auch evangelischen Christen bekannt.

28 b **Wie schön leuchtet der Morgenstern** (GL 554/ EG 70) Philipp Nicolai veröffentlichte das Lied 1599 im »Freudenspiegel des ewigen Lebens«. Das »geistliche Braut-Lied der gläubigen Seele« erfuhr eine breite Wirkungsgeschichte, in deren Verlauf nachhaltig in den vorgegebenen Text eingegriffen wurde. Die ursprüngliche Fassung besticht durch eine Vielzahl von Gleichnissen und Bildern.

29 d **Christ ist erstanden** (GL 213/ EG 99) Eine Handschrift aus Klosterneuburg bei Wien (14. Jahrhundert) enthält die erste Strophe in Neumen. Ältere Quellen zitieren nur die ersten Worte. Vermutlich wurde die Strophe erstmals in Passau ge-

sungen. Erweiterungen sind ab dem 15. Jahrhundert bezeugt.

30 a **umfangreichere Komposition** Oratorium ist seit der Mitte des 17. Jahrhunderts die musikalische Gattungsbezeichnung für eine umfangreichere, mehrsätzige episch-dramatische Komposition, die für Solostimmen, Chor und Orchester geschrieben wurde. Neben das geistliche Oratorium trat seit dem 18. Jahrhundert das weltliche Oratorium.

31 a **Advent** Ab dem 17. Dezember werden zum Magnificat der Vesper die Großen Antiphonen gesungen, nach ihrem stets gleich bleibendem Beginn auch die O-Antiphonen genannt. Auf die Anrufung »O« folgt eine messianische Aussage des Alten Testaments, die von der Kirche auf Jesus Christus bezogen wird. In diesen Texten verdichten sich die biblischen Aussagen über den erwarteten Messias.

32 b **Antwortgesang** Das Responsorium bezeichnet im kirchlichen Stundengebet den Antwortgesang, der auf die Kurzlesung folgt. Er will zu besinnlichem Weiterschwingen des Gehörten helfen.

33 b **Es ist ein Ros entsprungen** Unter GL 133 findet sich die ökumenische Fassung der zweiten Strophe. GL 132 druckt eine ältere katholische Fassung ab. GL 133 stammt von der »Arbeitsgemeinschaft für ökumenisches Liedgut« (AÖL). Der Unterschied wird erst im letzten Absatz deutlich: Die Aussage über Maria im katholischen Abschluss schien evangelischen Sängern nicht zumutbar. EG 30 druckt eine eigenständige Fassung der zweiten Strophe.

34 b **Mary Clarence** Whoopi Goldberg spielt in Sister Act eine Nachtclubsängerin, die einen Mord beobachtet und sich vor den Gangstern in einem Kloster verstecken muss. Unter dem Namen Mary Clarence bringt sie dem Nonnenchor Gospels und Spirituals bei. Der Kino-Start war am 26. 11. 1992.

35 a **Joachim Neander** Eine neue Liste führt den Liedanfang zu »Lobe den Herren« in 34 Sprachen auf. Damit zählt Neanders Loblied zu den bekanntesten deutschen Kirchenliedern weltweit. Joachim Neander wurde 1650 in Bremen geboren. In Düsseldorf leitete er die Lateinschule der reformierten Gemeinde. Das »Neandertal« östlich von Düsseldorf ist nach ihm benannt.

36 c **Begräbnisfeiern** Die Exequien (lat. exsequiae = Leichenbegängnis) sind musikalisch ausgestaltete Begräbnisfeiern. Bekannt sind die Exequien von Heinrich Schütz (1585 – 1672), die er für den Landesfürsten schrieb.

37 c **Antonio Vivaldi** Der 1678 geborene Vivaldi wurde 1703 in Venedig zum Priester geweiht. In den folgenden Jahren war er Geigenlehrer und Orchesterleiter an einem Waisenhaus. Bekannt sind seine Violinkonzerte »Die Jahreszeiten«. Seine Werke inspirierten Bach zu mehreren Konzerten.

38 b **einen Liedpsalter** Der 1549 geborene evangelische Pfarrer konvertierte mit 24 Jahren. Angeregt durch die zahlreichen evangelischen Liedpsalter, vor allem dem Lobwasser-Psalter und dessen Verbreitung am Niederrhein, veröffentlichte Ulenberg 1582 in Köln einen vollständigen Liedpsalter.

39 a **Passau** In der Convention Hall von Atlantic City (New Jersey) USA steht die größte Orgel der Welt, im Dom von Passau die größte Domorgel der Welt. Im Passauer Dom vereinen sich fünf eigenständige Orgeln mit insgesamt 233 Registern und 17774 Pfeifen zur größten Orgel Europas und zur größten Domorgel der Welt.

40 b **Silbermann** Der berühmte Orgelbaumeister Johann Gottfried Silbermann stammt aus Fraunstein in Sachsen. Seine 1736 vollendete Orgel mit dreiklavierigem Orgelwerk verfügt über 44 Register und 6000 Pfeifen. Sie wurde mit der Frauenkirche 1945 zerstört.

41 b **535** Das Evangelische Gesangbuch wird in acht Regionalausgaben verlegt. Dem gemeinsamen Stamm an Liedern folgen regional wichtige Lieder und Texte der Landeskirchen in Deutschland und Österreich.

42 d **170** In Deutschland gibt es rund 170 Orgelbaufirmen mit 1 bis 50 Beschäftigten. Eine große Zulieferfirma beschäftigt sogar ca. 200 Mitarbeiter. Insgesamt sind ca. 2500 Personen im Orgelbau tätig.

43 c **ein Wortspiel** Jeweils der Anfang der Strophen des Liedes »Befiehl du deine Wege« (EG 361) ergibt den Vers 5 zu Psalm 37: Befiehl/ dem Herrn /dein/ Weg/ und hoff/ auf/ ihn/ Er/ wirds/ wohl/ machen.

44 b **dem Grafen zu Waldeck** Die Anfangsbuchstaben der 7 Strophen bilden hintereinandergelesen die Anfangsbuchstaben von

Wilhelm Ernst Graf und Herr zu Waldeck, dem Sohn des Fürsten der Waldeckischen Lande, dessen Erzieher Nicolai eine Weile war und der 1598 gestorben war.

45 a **Verbrennung zweier Ordensbrüder** 1423 begann Luther auf der Wartburg mit dem Dichten und Komponieren von deutschen geistlichen Liedern. Anlass für Luthers erstes Lied war die Verbrennung zweier Ordensbrüder auf dem Marktplatz in Brüssel am 1. Juli 1523. Sie hatten sich der reformatorischen Lehre angeschlossen.

46 c **1607 – 1676** Paul Gerhardt schrieb unter dem Eindruck des Dreißigjährigen Krieges etwa 130 Lieder. Er wurde in Sachsen (Gräfenhainichen) geboren, 1657 wurde er Pfarrer an St. Nikolai in Berlin. 1667 ist Gerhardt seines Amtes enthoben worden, da er als überzeugter Lutheraner dem Toleranzedikt des reformierten Großen Kurfürsten nicht zustimmen wollte. Er starb 1676 in Lübben (Spreewald).

47 b **Sonntag nach Weihnachten** Das Weihnachtsoratorium bildet einen Zyklus von 6 Kantaten, die speziell auf die kalendarischen Verhältnisse des Aufführungsjahres zugeschnitten waren (1734/35). Daher fehlt eine Kantate für den Sonntag nach Weihnachten, der mit Neujahr zusammenfiel. Diese Festtagskonstellation erlebte Bach selbst nach 1735 nur viermal. Eine erneute zyklische Präsentation durch Bach ist nicht bekannt.

48 a **Jesuiten** Friedrich Spee, Jesuit, Seelsorger und Predige, bekämpfte mutig das Unwesen der Hexenprozesse. Er wurde 1591 in Kaiserswerth bei Düsseldorf geboren und starb 1635 in Trier. Von ihm stammt auch der Text zu dem Weihnachtslied »Zu Betlehem geboren« (GL 140/ EG 32)

49 c **O Welt, ich muss dich lassen** (GL 659/EG 521) Das weltliche Abschiedslied »Innsbruck, ich muss dich lassen« geht auf Heinrich Isaac zurück. Er war im 15. Jahrhundert Hofkomponist von Kaiser Maximilian I. Mehrere Reisen führten ihn nach Italien. Mit dieser Melodie druckt das EG das Lied »O Welt, ich muss dich lassen«.

50 a **Cäcilia** Die legendäre Cäcilia soll auf ihrer Hochzeit selbst die Orgel gespielt haben, weshalb sie die Patronin der Kirchenmusik wurde. In der Kirche in Trastevere/Rom wurde seit 545 das

Gedächtnis Cäcilias am 22. November begangen. Wahrscheinlich war Cäcilia die Stifterin dieser Kirche. Dargestellt wird Cäcilia in römischer Jungfrauenkleidung mit ihrem Verlobten und einem Engel, mit Rosen und / oder Musikinstrumenten (Orgel, Geige).

51 b **eine Tonart** Die Tonarten im Gregorianischen Choral sind nach griechischen Landschaften benannt. Die wichtigsten und ältesten Tonarten sind Dorisch, Phrygisch, Lydisch und Mixolydisch. Mixolydisch kann als Dur-Oktav mit kleiner Septime (ohne Leitton) dargestellt werden.

52 c **Instrumente** Im Gottesdienst der ersten Jahrhunderte waren Instrumente verboten. Sie galten als Luxus, waren dem heidnischen Kultus verbunden und lenkten zudem vom Wort ab, das verkündet werden sollte. In der Ostkirche ist das Verbot heute noch gültig.

53 a **Thomaner** Im Jahre 1212 bestätigte Otto IV. die Gründung des Augustiner-Chorherrenstiftes zu St. Thomas, die der Markgraf von Meißen veranlasst hatte. Zum Stift gehörte eine Klosterschule, die geistlichen Nachwuchs heranbilden sollte, bald aber auch Knaben zugänglich wurde, die nicht im Stift wohnten. Bestandteil der Ausbildung war von Anfang an der liturgische Gesang.

54 c **Wer weiß, wie nahe mir mein Ende** (EG 530) Das Lied der Gräfin Ämilie Juliane von Schwarzburg-Rudolstadt wurde am 17. 9. 1686 bei einem Ausflug in den Thüringer Wald gedichtet. Dies legt zumindest die Notiz der Gräfin auf ihrem ältesten Manuskript des Liedes nahe. 1688 wird »Wer weiß, wie nahe« im Rudolstädter Gesangbuch gedruckt.

55 d **Babst** Der am prächtigsten ausgestattete Liederdruck der Reformationszeit ist das 1545 in Leipzig veröffentlichte Gesangbuch des Druckers und Verlegers Valentin Babst. Das Vorwort schrieb Martin Luther. Viele Gebete und Psalmen machen das Gesangbuch zum Andachtsbuch für den Haus- und Alltagsgebrauch. Das katholische Gesangbuch von Johann Leisentrit 1567 nahm sich an diesem Gesangbuch ein Vorbild.

56 b **Noten** Die Tonzeichen des Mittelalters entwickelten sich seit dem 7. Jahrhundert aus Akzentzeichen, die sowohl Melodie als auch Rhythmus und Dynamik andeuten. Bedeu-

tungsvoll wurde die Einführung des Liniensystems (zunächst vier Notenlinien) durch Guido von Arezzo.

57 c **Thomas von Aquin** Thomas von Aquin (1225/26 – 1274) versuchte die aristotelische Philosophie der christlichen Glaubenslehre anzupassen. Er schrieb Kommentare zu allen Werken des Aristoteles, die in fünf Bänden herausgegeben wurden. Fragen der Logik untersuchte Thomas in den Schriften »Über die Natur der Gattung«, »Über die Natur der Akzidenz«, »Über die modalen Urteile« u. a.

58 d **1971** Das Lied »Das Weizenkorn muss sterben« entstand 1971. Der Text ist von Lothar Zenetti.

59 c **Barform** Der erste Teil der Strophe besteht aus dem Gesätz, das auch Stollen genannt wird, dem ein metrisch gleichförmiger Gegenstollen, oder auch Gebäude, folgt. Sie bilden zusammen den Aufgesang. Der Abgesang, welcher als der dritte abschließende Strophenteil benannt wird, ist länger als ein einzelnes Gesätz, unterscheidet sich metrisch vom Aufgesang und ist kürzer als dieser.

60 b **Kommt mit Gaben und Lobgesang (EG 229)** Detlev Block, geboren 1934 in Hannover, war Pfarrer in Pyrmont. Die englische Vorlage von Fred Kaan wurde auf der Basis einer Melodie von Doreen Potter geschrieben. Als Lied zur Gabenbereitung fand es vor allem durch Kirchentage Verbreitung.

61 a **Synode** »Veni creator Spiritus« geht auf Hrabanus Maurus zurück. Sie wurde für die Synode von Aachen 809 geschrieben. Die Übertragung von Martin Luther (Komm, Gott Schöpfer, heiliger Geist) stand erstmals im Wittenberger Gesangbuch von 1524.

62 c **Sonne der Gerechtigkeit (GL 644/EG 262)** Das Lied wurde 1932 von Otto Riethmüller aus älteren Strophen zusammengestellt. Die erst nach 1969 entstandene siebte Strophe enthält die Bitte Jesu Christi um die Einheit seiner Jünger (Joh 17,21). Sie wurde von der Arbeitsgemeinschaft für ökumenisches Liedgut (AÖL) angefügt.

63 a **Gott sei gelobet (GL 494/EG 214)** Die erste Strophe enstand im späten Mittelalter. Die Crailsheimer Schulordnung von 1480 überliefert, dass die Strophe im Anschluss an die Sequenz

»Lauda, Sion, salvatorem« an Fronleichnam gesungen wurde. Martin Luther, für den das Lied Beweis war, dass die alte Kirche das Sakrament in beiderlei Gestalt verwaltete, gestaltete das Lied neu und erweiterte es um zwei Strophen.

64 c **Messgesänge** Papst Gregor der Große (gest. 604) sammelte und vereinheitlichte die Gesänge aus ganz Europa. Diese sind im »Graduale Romanum« zu finden, dem sog. Messegesangbuch. Zu jedem Sonntag im Jahreskreis gehört eine Anzahl passender Melodien.

65 a **Nun lob mein Seel den Herren (EG 289/RG 59)** Dieses Kirchenlied stimmte die Gemeinde spontan an, als am 25. Oktober 1648 von der Rathaustreppe der Westfälische Friede verkündet wurde. Mit diesem Vertrag endete der Dreißigjährige Krieg.

66 d **Nun danket alle Gott (GL 266/EG 321)** Martin Rinckart (1586 – 1648) dichtete das Kirchenlied wahrscheinlich zur Erinnerung an das Bekenntnis der protestantischen Stände auf dem Reichstag von Augsburg. Heute wird »Nun danket alle Gott » auch in katholischen Gemeinden gesungen.

67 c **Gesangbuchherausgeber** 1695 gründete August Hermann Francke in Halle eine Armenschule und ein Waisenhaus. Unter Francke wurde das Theologiestudium an der Universität Halle reformiert. Johann Anastasius Freylinghausen, der theologische Mitarbeiter von Francke, veröffentlicht 1704 ein Gesangbuch mit 683 Liedern. *Aus tiefer Not schrei ich zu dir *Ein Kind geborn zu Bethlehem, *O Haupt voll Blut und Wunden

68 c **88** In 88 Strophen behandelte Cornelius Becker 1603 den Psalm 119. Die innere Beziehung von Gnade und Heiligung steht im Zentrum der Strophen. Das Wort Gottes ist wichtigstes Kriterium christlichen Handelns.

69 b **O Haupt voll Blut und Wunden** (GL 179/EG 85) Das bekannteste deutschsprachige Passionslied hat über alle Konfessionsgrenzen hinweg einen festen Platz in den Gesangbüchern der Kirchen. Das Werk des orthodoxen Lutheraners Paul Gerhardt entstand auf der Basis des mittelalterlichen Hymnus »Salve caput cruentatum« des Zisterzienserabtes Arnulf von Löwen.

70 a **ein Gesangbuch** 1647 publiziert Johann Crüger das

Gesangbuch PRAXIS PIETATIS MELICA. Die Auflagen dieses Gesangbuches wurden auch nach Crügers Tod lange und mit großem Erfolg bis ins 18. Jahrhundert fortgesetzt. In der Auflage von 1648 hat Crüger 18 Gedichte Paul Gerhardts aufgenommen und mit Weisen versehen, dadurch erst ist Gerhardt bekannter und bleibend berühmt geworden.